D0858539

IRB Glossary
Year 2000 Edition

Lexique de la C.I.S.R.
Édition de l'an 2000

Prepared by

Editing and Translation
Services Directorate
Immigration and Refugee
Board

Préparé par

Direction des services de
révision et de traduction
Commission de l'immigration et
du statut de réfugié

Table of Contents

Table des matières

Foreword

The **Editing and Translation Services Directorate** is pleased to provide you with the **Year 2000 edition** of the ***IRB Glossary.*** Updated and expanded, this edition draws upon the evolution in the practices, procedures, and decision-making processes at the Immigration and Refugee Board (IRB) over the past five years. It contains not only more recent terminology, but also the older terminology that is still to be found in the documents of the IRB.

The Glossary is intended to make recent terminology accessible to interpreters, personnel and stakeholders of the IRB. It is a working tool to assist in writing and translating documents in the two official languages.

On behalf of the team, I would like to express my appreciation to everyone who has collaborated in the preparation of this Glossary.

Avant-propos

La **Direction des services de révision et de traduction** a le plaisir de vous présenter la **version de l'an 2000 du** ***Lexique de la CISR.*** Mise à jour et enrichie, cette version s'inspire de l'évolution des pratiques, des procédures et des processus décisionnels de la Commission de l'immigration et du statut de réfugié (CISR) au cours des cinq dernières années et contient non seulement la nouvelle terminologie, mais aussi celle, plus ancienne, que l'on retrouve encore dans les textes de la CISR.

Nous désirons rendre cette nouvelle terminologie accessible au personnel de la CISR, aux interprètes ainsi qu'à tous les intervenants. Cet outil de travail servira à la rédaction et à la traduction des documents de la CISR dans les deux langues officielles.

Au nom de l'équipe, je remercie vivement tous ceux qui nous ont apporté leur collaboration.

Suzanne Chedore
Director, Editing and Translation Services
Directrice, Services de révision et de traduction

Introduction

The Immigration and Refugee Board (IRB) began its operations in 1989. Over the years, it has established terminology drawn primarily from the *Immigration Act* and Regulations and the Rules of the three divisions (the Immigration Appeal Division, the Convention Refugee Determination Division, and the Adjudication Division) as well as the case-law. The *IRB Glossary* also contains terminology used by other departments and organizations.

Unlike the 1995 edition, the French-English section of the year 2000 edition is in glossary rather than index form.

An index of acronyms can be found following each of the two sections of the Glossary.

To facilitate the use of the Glossary, the entries do not always appear in strict alphabetical order.

Upper case has been used for all position titles in English and lower case for all position titles in French.

Immigration and Refugee Board
Executive Secretariat
Editing and Translation Services Directorate
344 Slater Street, 14th floor
Ottawa, Ontario
K1A 0K1

info@irb.gc.ca

Introduction

La Commission de l'immigration et du statut de réfugié (CISR) a débuté ses activités en 1989. Au fil des ans, elle a établi une terminologie inspirée principalement de la *Loi sur l'immigration,* de ses règlements d'application et des règles des trois sections (Section du statut de réfugié, Section d'appel de l'immigration et Section d'arbitrage) ainsi que de la jurisprudence. En outre, le *Lexique de la CISR* renferme des termes usuels empruntés à d'autres ministères et organismes.

La section française-anglaise de l'édition de l'an 2000 prend la forme d'un lexique plutôt que d'un index, contrairement à la version de 1995.

Un index des acronymes se retrouve à la fin de chacune des deux sections du Lexique.

Les entrées ne sont pas toujours classées suivant l'ordre alphabétique absolu pour en faciliter la consultation.

Tous les titres de postes comportent des majuscules en anglais et des minuscules en français.

Commission de l'immigration et du statut de réfugié
Secrétariat de la haute direction
Direction des services de révision et de traduction
344, rue Slater, 14e étage
Ottawa (Ontario)
K1A 0K1

info@irb.gc.ca

Participation

The Editing and Translation Services Directorate team of the IRB

Lyne Hallé, Translator and Project Coordinator

Betty Armand, Translator
Ghislaine Déziel, Translator
Diane Dutil, Translator and Editor
Sharon Khan, Jurilinguist

Louise Belcourt, Administrative Officer

Suzanne Chedore, Director

Participation

L'équipe de la Direction des services de révision et de traduction de la CISR

Lyne Hallé, traductrice et coordonnatrice du projet

Betty Armand, traductrice
Ghislaine Déziel, traductrice
Diane Dutil, traductrice et réviseure
Sharon Khan, jurilinguiste

Louise Belcourt, agente administrative

Suzanne Chedore, directrice

English - French Glossary

Lexique anglais - français

abandonment (of a claim)

désistement (d'une revendication)

abandonment hearing

audience sur le désistement; audience relative au désistement

acceptance rate

taux d'acceptation

Access to Information and Privacy

accès à l'information et protection des renseignements personnels

Access to Information and Privacy Directorate

Direction de l'accès à l'information et de la protection des renseignements personnels

accompanying dependant of principal applicant

personne à charge qui accompagne le demandeur principal; personne à charge qui accompagne le requérant principal

accreditation test (for interpreters)

examen d'accréditation (des interprètes)

Acquisition of Information Form

Formulaire d'obtention de renseignements

Act
NOTE Means the *Immigration Act.*

Loi
NOTA La *Loi sur l'immigration.*

active case

cas actif

adjournment (of a hearing, an inquiry)

ajournement (d'une audience, d'une enquête)

adjournment *sine die*

ajournement *sine die*

Adjudication Division
(of the Immigration and Refugee
Board since 1993)

Section d'arbitrage
(de la Commission de
l'immigrationet du statut de
réfugié depuis 1993)

Adjudication Division Rules

*Règles de la section
d'arbitrage*

Adjudication Tracking System
NOTE Internal computer system.

**Système de suivi des cas
d'arbitrage**
NOTA Système informatique
interne.

Adjudicator

arbitre

**administer an oath, to;
question (a person) under oath,
to; swear in, to**

**faire prêter serment;
interroger (une personne)
sous serment; assermenter**

Administration Unit

Section de l'administration

**Administrative Framework
Agreement**

Entente cadre administrative

admissibility

admissibilité (d'une personne);
recevabilité (d'une preuve,
d'une revendication)

admissible evidence

élément de preuve admissible

admission (to Canada)

admission (au Canada)

adopted

adopté; adoptif

adoption decree

jugement d'adoption

adoption of convenience

adoption de convenance

adoptive parent

parent adoptif

advance a claim, to

**présenter une revendication;
faire valoir une revendication**

adversarial hearing

**audience contradictoire;
audience accusatoire**

adversarial proceeding	procédure contradictoire; procédure accusatoire
adverse credibility finding	conclusion défavorable quant à la crédibilité
Advisory Committee on Employment Equity	Comité consultatif sur l'équité en matière d'emploi
Advisory Committee on the Workforce of the Future	Comité consultatif sur le milieu de travail de demain
affidavit	affidavit; attestation sous serment; déclaration sous serment
affidavit of service	affidavit de signification
affirm, to (solemnly)	faire une affirmation solennelle; affirmer solennellement
age of caseload; age of cases pending	antériorité des cas; les cas datent de (plus de six mois, par exemple)
age of cases pending; age of caseload	antériorité des cas; les cas datent de (plus de six mois, par exemple)
agent	mandataire
agent of persecution	agent de persécution
aggravating risk factor	facteur d'aggravation des risques
Agreement regarding Claim-Related Information from Refugee Claimants	Entente sur les renseignements relatifs aux revendications des demandeurs du statut de réfugié
Ahmadis NOTE Sometimes written as "Ahmadiyya".	Ahmadis NOTA On voit aussi la graphie « Ahmadiyya ».

alleged country of citizenship	pays de citoyenneté prétendu
allow an appeal, to	accueillir un appel; admettre un appel
all-woman panel	tribunal entièrement féminin; tribunal composé entièrement de femmes
Alternative Dispute Resolution	mode alternatif de règlement des conflits
Alternative Service Delivery	différents modes de prestation des services
amendment	amendement (d'un projet de loi); modification (d'une loi)
appeal, to; file an appeal, to	interjeter appel (devant, à); en appeler; appeler (d'une décision); porter en appel; former un appel; loger un appel
appeal allowed; successful appeal	appel accueilli
appeal decision	décision en matière d'appel; décision sur l'appel; décision d'appel
Appeal Division (see Immigration Appeal Division) NOTE As set out in the Immigration Act, "means that division of the Board called the Immigration Appeal Division".	Section d'appel (voir Section d'appel de l'immigration) NOTA Section d'appel de l'immigration de la Commission, comme mentionné dans la Loi sur l'immigration.
appeal filed	appel interjeté
appeal hearing	audition de l'appel
appeal on the merits	appel au fond; appel sur le fond

appeals office (Citizenship and Immigration Canada)	**bureau des appels** (Citoyenneté et Immigration Canada)
Appeals Officer (Citizenship and Immigration Canada)	**agent(e) des appels** (Citoyenneté et Immigration Canada)
appeal postponed	**appel remis**
appeal to the Appeal Division	**appel devant la Section d'appel**
appeal to the Federal Court of Appeal	**appel devant la Cour d'appel fédérale**
appear, to	**comparaître**
appearance of bias (see **apprehension of bias** or **reasonable apprehension of bias**)	**apparence de partialité; apparence de parti pris** (voir **crainte de partialité** ou **crainte raisonnable de partialité**)
appellant	**appelant**
applicant	**requérant; intéressé; auteur de la demande; demandeur** (terme privilégié à Citoyenneté et Immigration Canada)
application	**demande**
application for adjournment	**demande d'ajournement**
application for determination of cessation of refugee status	**demande relative à la perte du statut de réfugié**
application for judicial review	**demande de contrôle judiciaire**
application for landing	**demande d'établissement**

application for leave to commence an application for judicial review	demande d'autorisation de présenter une demande de contrôle judiciaire
application for leave to vacate a determination that a person is a Convention refugee	demande d'autorisation d'annuler la reconnaissance du statut de réfugié au sens de la Convention
application for permanent residence	demande de résidence permanente
application for postponement	demande de remise
application for public access	demande d'accès du public
application for public hearing	demande d'audience publique
application to vacate (Convention refugee status)	demande d'annulation (de la reconnaissance du statut de réfugié au sens de la Convention)
apprehension of bias (see reasonable apprehension of bias or appearance of bias)	crainte de partialité (voir crainte raisonnable de partialité ou apparence de partialité)
arguable claim	revendication défendable
Articles of Agreement NOTE In the Personal Service Contract for Interpreters.	Protocole d'accord NOTA Dans le Contrat de services personnels d'interprétation.
Assessment of Credibility in the Context of CRDD Hearings	Évaluation de la crédibilité lors des audiences de la Section du statut de réfugié
assignment court	audience de mise au rôle; mise au rôle en présence des parties
Assignment Court Officer	préposé(e) à l'audience de mise au rôle
Assignment of Reasons Report	Rapport des motifs assignés

Assistant Deputy Chairperson	vice-président(e) adjoint(e)
assisted relative	parent aidé
Associate Deputy Minister	sous-ministre délégué(e)
asylum country class (see **member of the country of asylum class**)	catégorie des personnes de pays d'accueil (voir **personne de pays d'accueil**)
attached to a particular case	affecté à un cas donné
authorized stay	séjour autorisé
average processing time	délai moyen de traitement

backlog	arriéré
balance of probabilities	prépondérance des probabilités
Bench Assistant (to Case Clerk)	**préposé(e) adjoint(e)** (au(à la) commis préposé(e) aux cas)
bench decision; decision from the bench; oral decision	décision rendue de vive voix; décision rendue à l'audience
bench reasons for decision; oral reasons for decision	prononcé à l'audience des motifs de décision; motifs donnés à l'audience; motifs (de décision) donnés de vive voix
benefit of the doubt	bénéfice du doute
best evidence rule	règle de la meilleure preuve
best interests of the child	intérêt supérieur de l'enfant
beyond a reasonable doubt	hors de tout doute raisonnable

bias	partialité
binding	contraignant; obligatoire; ayant force exécutoire
binding precedent	précédent d'application obligatoire; précédent faisant autorité
birth certificate	certificat de naissance; acte de naissance; extrait de naissance
Board NOTE Means the Immigration and Refugee Board.	Commission NOTA La Commission de l'immigration et du statut de réfugié.
bogus claimant	faux revendicateur
boiler-plate	formule « type »
bona fide	de bonne foi; authentique; véritable
border jumper	personne traversant clandestinement la frontière
border jumping	passage clandestin de la frontière
bound by, to be	lié, être
Branch Office, United Nations High Commissioner for Refugees	Bureau régional du Haut Commissaire des Nations Unies pour les réfugiés
breach	**infraction** (à une règle, à une loi); **manquement** (à la justice, au règlement, à la loi); **violation** (de la loi)
breach, to	**enfreindre** (une loi); **violer** (une loi); **contrevenir** (à une loi)
breach of natural justice	manquement à la justice naturelle; entorse à la justice naturelle

bride burning (India)
(see **dowry burning** or **widow burning**)

immolation des épouses (ou **jeunes mariées**) **par le feu** (Inde)
(voir **immolation par le feu en raison de la dot** ou **immolation des veuves par le feu**)

brief (legal context)

dossier; conclusions écrites; mémoire (domaine juridique)

Briefing Book for Members

Cahier d'information à l'intention des commissaires

briefing note

note d'information; note documentaire

Building on a Strong Foundation for the 21st Century – New Directions for Immigration and Refugee Policy and Legislation
NOTE A document published by Citizenship and Immigration Canada on January 6, 1999.

De solides assises pour le 21e siècle – Nouvelles orientations pour la politique et la législation relatives aux immigrants et aux réfugiés
NOTA Document de Citoyenneté et Immigration Canada publié le 6 janvier 1999.

burden of proof; onus of proof

charge de la preuve; fardeau de la preuve

Business Model Working Group

Groupe de travail du modèle de fonctionnement

business modelling

établissement d'un modèle de fonctionnement

Business Plan

Plan d'activités

Canada Gazette	Gazette du Canada
Canadian Bar Association Task Force	Groupe de travail de l'Association du Barreau canadien
Canadian citizen	citoyen canadien
Canadian Council for Refugees	Conseil canadien pour les réfugiés
Canadian Council of Administrative Tribunals	Conseil des tribunaux administratifs canadiens
Canadian Law Information Council	Conseil canadien de la documentation juridique
Canadian Security Intelligence Service	Service canadien du renseignement de sécurité
Career Assignment Program	Programme cours et affectations de perfectionnement
case, to present a	présenter son exposé des faits; présenter son cas; présenter sa preuve
case, to state one's	exposer sa cause
Case Clerk (Convention Refugee Determination Division)	**commis préposé(e) aux cas** (Section du statut de réfugié)
cases considered	arrêts examinés
case-law	jurisprudence
caseload	charge de travail; volume de(s) cas; nombre de cas
case management	gestion des cas
Case Management Assistant	adjoint(e) à la gestion des cas

case management framework	cadre de gestion des cas
Case Management Group	groupe de gestion des cas
Case Management Officer	agent(e) de gestion des cas
Case Management Specialist	spécialiste de la gestion des cas
Case Management System	Système de gestion des cas
Case Management Team	équipe de gestion des cas
Case Management Working Group	groupe de travail sur la gestion des cas
Case Manager	gestionnaire de cas
Case Officer	agent(e) préposé(e) aux cas
cases pending; pending caseload; pending inventory of cases	cas en instance; appels en instance
Case Presenting Officer (Citizenship and Immigration Canada)	agent(e) de présentation des cas (Citoyenneté et Immigration Canada) NOTA Anciennement « agent chargé de présenter les cas ».
Case Processing Procedures Manual (Convention Refugee Determination Division)	Manuel de procédures de traitement des cas (Section du statut de réfugié)
cases referred to	arrêts mentionnés
case-specific	se rapportant à un cas particulier; propre à un cas
cause an inquiry to be held, to	faire tenir une enquête; faire procéder à une enquête
Central Services	Services centraux
Central Training Program	Programme national de formation

certificate of readiness	certificat d'état de cause
certificate of the Minister	attestation du(de la) ministre
certify, to	certifier
cessation clause	clause de cessation; clause relative à la perte du statut
Chairperson	président(e)
Chairperson's Award Committee	Comité des primes du président
Chairperson's Executive Committee	Comité de direction du président
challenge (to a decision)	contestation (d'une décision)
Champion (see Official Languages Champion)	champion(ne) (voir champion(ne) des langues officielles)
change in circumstances	changement de circonstances
change in country conditions	changement dans la situation du (au) pays; changement des conditions dans le pays
change of circumstances in country of origin	changement de circonstances dans le pays d'origine
change of venue (of the hearing, inquiry or conference)	changement du lieu (de l'audience, de l'enquête ou de la conférence)
character evidence	preuve de moralité
Chariah; Shari'a; Sharia	shari'a; chari'a; charia (la) NOTA Le Robert écrit « charia » et le Larousse « chari'a ».
Charter argument	argument fondé sur la Charte

Charter challenge	contestation fondée sur la Charte
Charter issue	question qui fait intervenir la Charte; question qui se rapporte à la Charte
Check-in Officer	préposé(e) à l'enregistrement
Chief Executive Officer	premier(ère) dirigeant(e)
Chief Fire Emergency Warden	chef des secours en cas d'incendie
child-at-risk	enfant vulnérable; enfant à risque; enfant en péril
child refugee	enfant réfugié
Child Refugee Claimants: Procedural and Evidentiary Issues (Chairperson's guidelines)	*Les enfants qui revendiquent le statut de réfugié : Questions relatives à la preuve et à la procédure* (directives données par la présidente)
circumstances of the case	circonstances de l'espèce; circonstances de fait; les faits en l'occurrence; circonstances particulières de l'espèce
circumstantial evidence; indirect evidence	preuve circonstancielle; preuve par présomption; preuve tirée d'indices; preuve déduite d'indices; preuve indirecte
Citizenship Act	*Loi sur la citoyenneté*
Citizenship and Immigration Canada	Citoyenneté et Immigration Canada
civil and political rights	droits civils et politiques

civil standard of proof (see **criminal standard of proof**)	**norme civile de preuve** (voir **norme criminelle de preuve**)
civil war	**guerre civile**
civil war claim	**revendication liée à la guerre civile**
Civilian Non-Combatants Fearing Persecution in Civil War Situations (Chairperson's guidelines)	***Civils non combattants qui craignent d'être persécutés dans des situations de guerre civile*** (directives données par la présidente)
claim	**revendication**
claim determined; finalized claim	**revendication réglée**
claim heard	**revendication entendue**
claims heard separately	**revendications entendues séparément**
claim pending	**revendication en instance** NOTA Le bureau de Montréal utilise l'expression « revendication en attente ».
claimant	**revendicateur(rice); demandeur(e)** NOTA Le terme « revendicateur » est privilégié à la Commission pour des raisons pratiques et logiques, notamment la féminisation.
claimant-specific information	**renseignements précis sur le revendicateur**
clear evidence	**preuve manifeste**
Client Services	**Services à la clientèle**

closed hearing; *in camera* hearing	audience à huis clos
Coaching Program	programme de soutien personnalisé
Code of Conduct for Interpreters	*Code de conduite des interprètes*
Code of Conduct for Members of the Immigration and Refugee Board of Canada	*Code de déontologie des commissaires de la Commission de l'immigration et du statut de réfugié*
cohabit, to	cohabiter
Collaborative Leadership Program	Programme de leadership de collaboration
commencement of appeal	formation de l'appel
Commentary NOTE Series of documents prepared by Legal Services.	Observation NOTA Série de documents préparés par les Services juridiques.
commission evidence, to take	éléments de preuve par commission rogatoire, recueillir des
Commission on Human Rights, United Nations	Commission des droits de l'homme (des Nations Unies)
Commission on the Status of Women (United Nations)	Commission de la condition de la femme (Organisation des Nations Unies)
common crime; non-political crime; ordinary law crime	crime de droit commun
Commonwealth of Independent States	Communauté des États indépendants
compassionate or humanitarian considerations	raisons d'ordre humanitaire; considérations humanitaires

compellability	contraignabilité
compelling evidence	preuve péremptoire; preuve contraignante
compelling reasons	raisons impérieuses
competency	capacité
competency-based management	gestion axée sur les compétences
completed appeal	appel réglé
computer-based training	formation automatisée
co-national	compatriote
concealment (of any material fact)	dissimulation (d'un fait important)
conceded case	cas non contesté
concurring reasons	motifs concordants; motifs concourants NOTA L'expression « motifs concordants » est privilégiée par la Cour suprême.
condemned by the international community	condamné par la communauté internationale
conditional departure order	mesure d'interdiction de séjour conditionnelle
conditional deportation order	mesure d'expulsion conditionnelle
conditional removal order	mesure de renvoi conditionnel
conduct a hearing, to	tenir une audience
conduct in the workplace	comportement en milieu de travail
conduct of a hearing	tenue d'une audience

conference	conférence
confidentiality	confidentialité
conflict of interest	conflit d'intérêts
conjugal relationship	situation assimilable à une union conjugale
conscientious objection	objection de conscience
conscientious objector	objecteur de conscience
consent judgment	jugement sur consentement
consent of the Minister	autorisation ministérielle; autorisation du (de la) ministre
consent order	ordonnance sur consentement
consider the evidence properly, to	tenir compte de la preuve de façon appropriée; considérer les éléments de preuve de façon appropriée; tenir compte comme il se doit des éléments de preuve; bien tenir compte des éléments de preuve; bien tenir compte de la preuve
consistency in decision making	cohérence dans la prise de décisions
consistent decisions	décisions cohérentes
constitutionally valid	constitutionnel
Consultative Committee on Practices and Procedures	Comité consultatif sur les pratiques et les procédures
contempt of court	outrage au tribunal
contested case	cas contesté; affaire contestée

Contextual and Human Rights Packages
NOTE Replace Standardized Country Files.

Documentation de fond et Dossiers d'information sur les droits de la personne
NOTA Remplacent les Dossiers de référence sur les pays.

Contextual Package
(see **Contextual and Human Rights Packages**)
NOTE Often used with "Human Rights Package".

Documentation de fond
(voir **Documentation de fond et Dossiers d'information sur les droits de la personne**)
NOTA Souvent utilisé avec « Dossiers d'information sur les droits de la personne ».

Contracting and Procurement Review Committee

Comité d'examen des acquisitions et de passation de marchés

Convention
NOTE The *1951 Convention relating to the Status of Refugees,* signed at Geneva on July 28, 1951 and the Protocol, signed at New York on January 31, 1967.

Convention
NOTA La *Convention des Nations Unies de 1951 relative au statut des réfugiés,* signée à Genève le 28 juillet 1951, et le Protocole signé à New York le 31 janvier 1967.

Convention Against Torture and Other Cruel, Inhuman or Degrading Treatment or Punishment

Convention contre la torture et autres peines ou traitements cruels, inhumains ou dégradants

Convention on Civil and Political Rights, United Nations

Convention des Nations Unies relative aux droits civils et politiques

Convention on the Law of the Sea, United Nations

Convention des Nations Unies sur le droit de la mer

Convention on the Rights of the Child

Convention relative aux droits de l'enfant

Convention refugee

réfugié au sens de la Convention

Convention Refugee Determination Division (see **Refugee Division**)	Section du statut de réfugié (voir **Section du statut**)
Convention Refugee Determination Division Case Processing Procedures Manual	*Guide de procédures de traitement des cas de la Section du statut de réfugié*
Convention Refugee Determination Division Handbook	*Guide de la Section du statut de réfugié*
Convention Refugee Determination Division Rules	*Règles de la section du statut de réfugié*
Convention refugee determination process	**processus de détermination du statut de réfugié au sens de la Convention**
Convention refugee seeking resettlement	**réfugié au sens de la Convention cherchant à se réinstaller**
Convention relating to the Status of Refugees, 1951	*Convention de 1951 relative au statut des réfugiés*
convict, to	**condamner; déclarer coupable; reconnaître coupable**
convicted	**condamné; reconnu coupable; déclaré coupable**
conviction	**déclaration de culpabilité; condamnation**
Coordinating Member	**commissaire coordonnateur(rice)** NOTA Même si la Loi et les Règles de la SSR parlent de « membre coordonnateur », le terme en usage à la Commission est « commissaire » et non « membre ».

coram
(see **quorum**)

coram; présent(s)
(voir **quorum**)

Core Learning Framework;
Core Learning Program

Programme prioritaire
d'apprentissage

Core Learning Program;
Core Learning Framework

Programme prioritaire
d'apprentissage

Corporate Accounting Section

Section des comptes
généraux

Corporate Management
Directorate
NOTE Amalgamation of
the Directorate of Finance
and Administration and
Information Systems.

Direction de la gestion
intégrée
NOTA Regroupement
de la Direction des finances et
de l'administration et de la
Direction des systèmes
informatisés.

Corporate Priorities and
Performance Targets

Objectifs de rendement et
priorités globales

corporate (training) program

programme de formation
générale

Corporate Services Branch

Direction générale des
services de gestion

correct in law

fondé en droit

Correspondence Control
Management

système de gestion du
contrôle de la correspondance

counsel

conseil; avocat(e) ou autre
conseil; procureur(e)

counsel of record

conseil inscrit au dossier

country conditions

situation dans le(s) pays en
cause; situation qui règne
dans le(s) pays visé(s);
conditions dans le(s) pays

country of alleged persecution	pays où l'intéressé aurait été persécuté; pays où l'intéressé dit avoir été persécuté; pays de la persécution prétendue
country of first asylum; first asylum country	premier pays d'asile
country of former habitual residence	pays de résidence habituelle antérieure
country of last permanent residence	pays de dernière résidence permanente NOTA À éviter : dernier pays de résidence permanente.
country of origin	pays d'origine; pays de naissance
country of reference	pays de référence
Country Reports on Human Rights Practices NOTE Document published by the United States Department of State.	*Country Reports on Human Rights Practices* NOTA Document publié par le département d'État des États-Unis.
Country Review	Étude sur les pays
country specialization	spécialisation par pays
Court Clerk	commis audiencier(ère) (Section d'appel de l'immigration); commis aux audiences
Court of Appeal	Cour d'appel
court of competent jurisdiction	tribunal compétent
court of record	cour d'archives
court order	ordonnance de la cour; ordonnance du tribunal

Court-Ordered Rehearings (a Policy, Planning and Research Branch policy)	***La tenue de nouvelles audiences sur ordonnance de la cour*** (politique de la Direction générale des politiques, de la planification et des recherches)
Court Reporter	**sténographe judiciaire**
credibility (of a witness), **to impeach**	**discréditer** (un témoin); **attaquer la crédibilité**
credibility finding	**conclusion quant à la crédibilité**
credible basis	**minimum de fondement**
credible basis test	**critère du minimum de fondement**
credible basis tribunal	**tribunal chargé de statuer sur le minimum de fondement**
crime against humanity	**crime contre l'humanité**
Criminal Code	***Code criminel***
criminal law	**droit criminel; droit pénal**
criminal offence	**infraction criminelle; infraction pénale; infraction à la loi pénale**
criminal refusal	**refus pour des raisons de criminalité; refus pour des raisons d'ordre criminel**
criminal standard of proof (see **civil standard of proof**)	**norme criminelle de preuve** (voir **norme civile de preuve**)
criterion; test	**critère**

cross-cultural awareness; cross-cultural sensitivity	sensibilisation aux différences culturelles (ou interculturelles); sensibilisation aux disparités culturelles (ou interculturelles)
cross-cultural communication	communication interculturelle
cross-cultural sensitivity; cross-cultural awareness	sensibilisation aux différences culturelles (ou interculturelles); sensibilisation aux disparités culturelles (ou interculturelles)
cross-examination	contre-interrogatoire
cultural sensitivity; cultural sensitization	sensibilisation aux réalités culturelles
cultural sensitization; cultural sensitivity	sensibilisation aux réalités culturelles
curial deference; judicial deference	retenue judiciaire

Daily Courtroom Report	Calendrier journalier des audiences
"danger to the public" opinion	avis de danger pour le public
Data Administration and Application Development Services	Services de gestion des données et de développement des applications
Database Unit	Section des bases de données
date of service	date de la signification
decided (date)	affaire décidée le (date); décision rendue le (date)
decision from the bench; bench decision; oral decision	décision rendue de vive voix; décision rendue à l'audience

decision-maker	décideur
decision-making body	organisme décisionnel; organisme décisionnaire
decision rendered in chambers	décision rendue en cabinet
decision *supra*	décision précitée
declaratory action	action visant à un jugement déclaratoire
declaratory judgment	jugement déclaratoire
decline jurisdiction, to	refuser d'exercer sa compétence; refuser d'avoir compétence (en parlant d'un tribunal)
decorum	décorum
decree absolute	jugement irrévocable
deemed to be	réputé être
defect, to delegation of authority for personnel actions	faire défection; fuir son pays délégation de pouvoirs concernant les mesures touchant le personnel
denial of refugee status	refus du statut de réfugié
de novo hearing; hearing *de novo*	audition *de novo*; nouvelle audition
departure order	mesure d'interdiction de séjour
dependant	personne à charge
dependent child	enfant à charge
deportation order	mesure d'expulsion
Deputy Chairperson	vice-président(e)

Deputy Registrar	**greffier(ère) adjoint(e)**
Deputy Secretary General (United Nations)	**vice-secrétaire général(e)** (Organisation des Nations Unies)
desertion	**désertion; défection**
designated class	**catégorie désignée**
designated person	**représentant(e) commis(e) d'office**
detained case NOTE Means "case of a person in detention".	**cas d'une personne détenue**
detention	**détention; garde**
detention, in	**sous garde; en détention**
detention review	**examen des motifs de (la) garde; examen des motifs de (la) détention; révision des motifs de (la) garde; révision des motifs de (la) détention**
determine a claim, to	**régler une revendication; rendre une décision; statuer sur une revendication; trancher une revendication**
differential risk	**risque distinctif**
differently constituted panel	**tribunal composé de membres différents; tribunal constitué d'autres membres; tribunal reconstitué; autre formation du tribunal**
digested decision	**condensé de décision**
direct contempt	**outrage direct**
direct evidence	**preuve directe**

direction for inquiry	directive prévoyant la tenue d'une enquête
disclosure	communication de la preuve; divulgation
Disclosure and Filing before Hearings of Relevant Evidence (practice notice)	*Communication et dépôt avant l'audience des éléments de preuve pertinents* (avis de pratique)
disclosure letter	lettre de divulgation
disclosure package	documents à communiquer; documents à divulguer; documentation à communiquer; documentation à divulguer
discontinuation	extinction
discretion	discrétion
discretionary jurisdiction	compétence discrétionnaire
dismiss an appeal, to	rejeter un appel
displaced person	personne déplacée
disposition	décision
Dispute Resolution Officer	agent(e) de règlement des conflits
disrepute, to bring the administration of justice into	déconsidérer l'administration de la justice; jeter le discrédit sur l'administration de la justice; faire tomber en discrédit l'administration de la justice
dissenting opinion	opinion divergente; dissident (commissaire); avis dissident; opinion dissidente; dissidence

dissenting reasons	motifs de dissidence; motifs dissidents
District Manager	gestionnaire de district
Division Head	chef de section
documentary evidence	preuve documentaire
Documentation Centre	Centre de documentation
domestic violence	violence familiale
dowry burning (India) (see **bride burning** or **widow burning**)	immolation par le feu en raison de la dot (Inde) (voir **immolation des épouses** (ou **jeunes mariées**) **par le feu** ou **immolation des veuves par le feu**)
draft evader	insoumis (au service militaire); conscrit réfractaire
draft evasion	insoumission (au service militaire)
dual nationality	double nationalité
duty counsel	avocat(e) de service; conseil commis(e) d'office; avocat(e) commis(e) d'office
duty of candour, to owe a (to the Court)	obligation de franchise (envers la Cour)

early hearing	**audition anticipée** (de la revendication, de l'appel)
economic migrant	**migrant économique**
Editing and Translation Services Directorate NOTE Formerly called "Editing and Translation Section".	**Direction des services de révision et de traduction** NOTA Anciennement appelée « Section de révision et de traduction ».
electronic hearing	**audience se déroulant à l'aide de moyens électroniques; utilisation de moyens électroniques dans le cadre des audiences**
eligibility determination	**détermination de la recevabilité** (d'une revendication)
eligibility redetermination	**réexamen de la recevabilité** (d'une revendication)
eligibility test	**critère de recevabilité**
Emergency Evacuation Plan	*Plan d'évacuation d'urgence*
employment authorization	**autorisation d'emploi; autorisation d'occuper un emploi**
Enhancement Instructions	**Instructions sur les améliorations apportées au processus**
enshrined rights; entrenched rights	**droits garantis** (par (dans) une charte, une constitution)**; droits inscrits; droits prévus** (dans une charte, une constitution) NOTA À éviter : droits enchâssés.

entertain an appeal, to	connaître d'un appel
entrenched rights; enshrined rights	**droits garantis** (par (dans) une charte, une constitution)**; droits inscrits; droits prévus** (dans une charte, une constitution) NOTA À éviter : droits enchâssés.
entry	autorisation de séjour
environmental refugee	réfugié pour motifs environnementaux; réfugié pour motifs liés à l'environnement
equality before the law	égalité devant la loi
equitable jurisdiction	compétence en équité
equitable relief	redressement équitable
equivalencing	établissement d'équivalences
equivalency	équivalence
erroneous finding of fact	conclusion de fait erronée
error on the record	erreur au dossier
establish a claim, to	démontrer le bien-fondé d'une revendication
ethnic cleansing	purification ethnique; nettoyage ethnique
ethnic discrimination	discrimination ethnique
ethnic persecution	persécution ethnique
evidence	preuve; élément de preuve
evidence, to give	faire une déposition; témoigner; produire un témoignage; produire des preuves

ex parte	*ex parte*
examination	interrogatoire; examen
examination-in-chief	interrogatoire principal
examination under oath	interrogatoire sous serment
excision (see **female genital mutilation, genital mutilation** or **infibulation**)	excision (voir **mutilation sexuelle des femmes**, **mutilation sexuelle** ou **infibulation**)
exclusion, evidence on	exclusion, éléments de preuve relatifs à l'
exclusion clauses	clauses d'exclusion
exclusion order	mesure d'exclusion
Executive Assistant (to the Chairperson)	**adjoint(e) de direction** (du président)
Executive Director	**directeur(trice) exécutif(ve)** NOTA Même si au par. 64(2) de la Loi on parle de « directeur général », c'est le terme « directeur exécutif » qui est utilisé à la Commission.
Executive Information System	**Système d'information pour cadres supérieurs**
Executive Secretariat Branch NOTE Formerly called "Executive Secretariat Directorate" and "Communications and Executive Services Branch".	**Direction générale du secrétariat de la haute direction** NOTA Anciennement appelée « Secrétariat de la haute direction » et « Direction générale des communications et des services à la haute direction ».
exempted information	**information confidentielle; information non accessible au public**

exemption (from the application of a regulation, for example)	**dispense** (de l'application d'un règlement, par exemple); **exemption; exception**
exhibit	**pièce**
exodus	**exode; fuite massive**
expedited case	**cas traité suivant le processus accéléré**
expedited claims process	**processus d'examen accéléré des revendications**
expedited hearing process	**processus accéléré d'audience**
expedited interview	**entrevue tenue dans le cadre du processus accéléré**
expedited process	**processus accéléré**
expedited rate	**pourcentage des cas traités en accéléré**
expeditiousness	**célérité**
expert evidence	**preuve d'expert**
expert tribunal; specialized tribunal	**tribunal spécialisé**
expert witness	**témoin expert; expert**
extra-legal execution	**exécution extrajudiciaire**

fabricated (refugee) claim; fraudulent claim

revendication frauduleuse; revendication fondée sur des faits fabriqués

fact in issue

fait en litige

facts of the case

faits de l'espèce; faits en cause; faits de la cause

failed refugee claimant; refused refugee claimant; unsuccessful claimant
NOTE A claimant who has been determined not to be a Convention refugee.

revendicateur éconduit; revendicateur débouté (en justice)
NOTA Revendicateur auquel le statut de réfugié a été refusé.

failure to appear; no show (at the hearing, the inquiry)

défaut de se présenter (à l'audience, l'enquête)**; défaut de comparaître**

failure to comply

défaut de se conformer

fair hearing

audition équitable

fair play

franc-jeu

fairly arguable case

cas raisonnablement défendable

fairness

équité

false documentation; false documents

faux documents

false documents; false documentation

faux documents

false statement

fausse déclaration

family class

catégorie des parents; catégorie de la famille

family class member; member of the family class	**parent; personne appartenant à la catégorie de la famille**
family reunification	**réunification des familles; réunion des familles**
fear of persecution	**crainte de persécution**
feared harm, to assess	**évaluation du préjudice redouté**
Federal Court	**Cour fédérale**
Federal Court Act	*Loi sur la Cour fédérale*
Federal Court Immigration Rules, 1993	*Règles de 1993 de la Cour fédérale en matière d'immigration*
Federal Court of Appeal	**Cour d'appel fédérale**
Federal Court Reports	**Recueils des arrêts de la Cour fédérale**
Federal Court Rules	*Règles de la Cour fédérale*
Federal Court (of Canada) — Trial Division	**Cour fédérale (du Canada), Section de première instance**
Federal Student Work Experience Program	**Programme fédéral d'expérience de travail étudiant**
female genital mutilation (see **genital mutilation, excision** or **infibulation**) NOTE Includes the rite of excision and sometimes infibulation.	**mutilation sexuelle des femmes** (voir **mutilation sexuelle, excision** ou **infibulation**) NOTA Comprend le rite de l'excision et parfois de l'infibulation. On voit aussi « mutilation génitale féminine ».
fettering of discretion	**entrave à l'exercice du pouvoir discrétionnaire**

Field Operations Support System	Système de soutien des opérations des bureaux locaux
file, to	produire; déposer (un document comme preuve - sens juridique); classer (un dossier, un document - sens général)
file an appeal, to; appeal, to	interjeter appel (devant, à); en appeler; appeler (d'une décision); porter en appel; former un appel; loger un appel
file an application, to	présenter une demande; déposer une demande
file flow	acheminement des dossiers
file perfection	complément d'information
filing of a document (legal context)	dépôt d'un document (domaine juridique)
filing of the appeal	dépôt de l'appel; présentation de l'appel
final decision	décision définitive
finalized appeal	appel finalisé
finalized claim; claim determined	revendication réglée
Finance Unit	Section des finances
Financial Information System	Système d'information financière
Financial Management System	Système de gestion financière
Financial Planning and Analysis Section	Section de la planification financière et de l'analyse

Financial Policy and Systems Section	**Section des politiques et des systèmes financiers**
financial refusal	**refus pour des raisons d'ordre financier**
Financial Services	**Services financiers**
findings	**conclusions** (tirées)
firm slot	**heure fixe; période déterminée** (pour le début de l'enquête, de l'audience ou de l'examen des motifs de détention)
first asylum country; country of first asylum	**premier pays d'asile**
Floor Emergency Warden	**agent(e) principal(e) de secours d'étage**
follow-up training for new members	**formation complémentaire des nouveaux commissaires**
forced conscription	**enrôlement forcé**
foreign law	**droit étranger**
foreign offence	**infraction commise à l'étranger**
forgery	**fabrication de faux documents; falsification de documents**
forum shopping (see **panel shopping**)	**recherche de commissaires plus accommodants**
forward-looking (in the context of the definition of Convention refugee)	**tourné vers l'avenir; axé sur l'avenir; de nature prospective** (en parlant de la définition de réfugié au sens de la Convention)

fraudulent claim; fabricated (refugee) claim	revendication frauduleuse; revendication fondée sur des faits fabriqués
fraudulent or improper means (see **improper means**)	moyens frauduleux ou irréguliers (voir **moyens irréguliers**)
freedom of assembly	liberté de réunion
freedom of association	liberté d'association
freedom of conscience	liberté de conscience
freedom of expression; freedom of speech	liberté d'expression
freedom of movement	liberté de mouvement
freedom of religion	liberté de religion; liberté de culte
freedom of speech; freedom of expression	liberté d'expression
Frequently Asked Questions (informatics)	**Foire aux questions** (domaine informatique)
front-end triage (see **screening**)	**triage initial** (voir **examen initial**)
full and proper hearing	**instruction approfondie** (de l'affaire)
full answer and defence, to make a	**présenter une défense pleine et entière**
full hearing	**audition complète**
fully retained, counsel not yet	**services d'un conseil n'ont pas été retenus sans restriction, les**
fundamental freedoms	**libertés fondamentales**

gender-based claim	**revendication fondée sur le sexe; revendication fondée sur des motifs liés au sexe**
gender discrimination	**discrimination sexuelle**
gender-related issue	**question liée au sexe; question liée à la crainte de persécution du fait du sexe**
gender-related persecution	**persécution fondée sur le sexe; persécution fondée sur des motifs liés au sexe**
generally known facts (see **particular facts**)	**faits notoires** (voir **faits particuliers**)
generally recognized facts	**faits généralement reconnus**
genital mutilation (see **female genital mutilation, excision** or **infibulation**)	**mutilation sexuelle** (voir **mutilation sexuelle des femmes, excision** ou **infibulation**)
genuine immigrant	**véritable immigrant; immigrant véritable; immigrant authentique; immigrant de bonne foi**
genuine refugee	**réfugié authentique; réfugié véritable**
Geographic Specialist (see **Geographic Team** or **regional specialization group**)	**spécialiste de région géographique** (voir **équipe géographique** ou **groupe de spécialistes de régions géographiques**)

Geographic Team (see **geographic specialist** or **regional specialization** **group**)	**équipe géographique** (voir **spécialiste de région** **géographique** ou **groupe de** **spécialistes de régions** **géographiques**)
Geographic Team Leader	**chef d'une équipe** **géographique; chef d'équipe** **géographique**
giving and taking ceremony (adoption)	**cérémonie de don et de** **prise en adoption; cérémonie** **du don et de l'acceptation**
good behaviour, during	**inamovible, à titre**
Government of Canada **Workplace Charity Campaign**	**Campagne de charité en milieu** **de travail du gouvernement du** **Canada**
Governor in Council	**gouverneur en conseil**
Governor-in-Council **appointee**	**personne nommée par décret**
grounds that, on the	**au motif que; en raison de;** **parce que; du fait de; en** **invoquant les moyens**
group persecution	**persécution d'un groupe**
group sponsorship	**parrainage par des groupes** **répondants**
guardian	**tuteur; curateur** (au Québec seulement)
guardianship order	**ordonnance de tutelle**
guerilla warfare	**guérilla**
guerillas	**guérilléros**

Guide for Applying for Landing in Canada – Convention Refugees	*Guide pour une demande d'établissement présentée au Canada – Réfugié au sens de la Convention*
Guide for Operational Review and Audits	*Guide des études et des vérifications opérationnelles*
Guide to the Convention Refugee Determination Division Rules	*Guide d'utilisation des Règles de la section du statut de réfugié*
guidelines	**directives**
Guidelines on Detention (Chairperson's guidelines)	*Directives sur la détention* (directives données par la présidente)
guiding principle	**principe directeur**

habeas corpus	*habeas corpus*
habitual residence	**résidence habituelle**
hardship, undue	**préjudice indu; difficultés excessives**
head office; headquarters (of the Immigration and Refugee Board)	**siège (de la Commission de l'immigration et du statut de réfugié)**
headquarters; head office (of the Immigration and Refugee Board)	**siège (de la Commission de l'immigration et du statut de réfugié)**
hearing	**audience** (processus global); **audition** (d'une revendication, d'un appel, d'une enquête)
Hearings Committee	**Comité sur les audiences**
hearing completed	**audience terminée**

hearing *de novo; de novo* hearing	audition *de novo;* nouvelle audition
Hearing Information Sheet	Fiche de renseignements sur l'audience
hearing into a claim	audience sur la revendication; audience relative à la revendication; audition de la revendication
hearings model	type d'audience; nature des audiences
Hearing Officer (Citizenship and Immigration Canada)	agent(e) d'audience (Citoyenneté et Immigration Canada)
Hearings Policy Committee	Comité des politiques relatives aux audiences
hearing process	processus d'audience
hearing room procedure	procédure d'audience; procédure en salle d'audience
hearings schedule	mise au rôle des audiences
hearing slot	période prévue pour l'audience
hearsay evidence	preuve par ouï-dire; témoignage constituant du ouï-dire; déposition sur la foi d'autrui; simple ouï-dire
Help Desk (informatics)	Service de dépannage (domaine informatique)
Help Desk Assistant	adjoint(e), Service de dépannage
he who hears must decide	celui qui entend l'affaire doit rendre la décision

high probative value (see **low probative value**)	valeur probante élevée (voir **valeur probante faible**)
highly prejudicial evidence	élément de preuve très préjudiciable
hold office during good behaviour, to	nommé à titre inamovible, être
holdings	fonds de documentation; fonds de renseignements; fonds documentaire
host country; receiving country	pays d'accueil; pays hôte
humanitarian and compassionate review	examen pour des raisons d'ordre humanitaire
humanitarian class	catégorie de personnes (pouvant être) admises pour des raisons humanitaires
Human Resources Directorate	Direction des ressources humaines
Human Resources Information Systems Unit	Section des systèmes d'information sur les ressources humaines
human rights	droits de la personne (Canada); **droits de l'homme** (Organisation des Nations Unies)
Human Rights Information and Documentation Systems, International	Systèmes d'information et de documentation sur les droits de l'homme, International
Human Rights Internet	Internet des droits humains

Human Rights Package
(see **Contextual and Human Rights Packages**)
NOTE Often used with "Contextual Package".

Dossiers d'information sur les droits de la personne
(voir **Documentation de fond et Dossiers d'information sur les droits de la personne**)
NOTA Souvent utilisé avec « Documentation de fond ».

human rights record

antécédents en matière de respect des droits de la personne; antécédents relatifs aux droits de la personne

Human Rights Task Force
(United Nations)

Groupe spécial chargé des droits de l'homme
(Organisation des Nations Unies)

human rights violation

violation des droits de la personne (Canada)**; violation des droits de l'homme**
(Organisation des Nations Unies)

Human Rights Watch
NOTE An organization whose headquarters is in New York.

Human Rights Watch
NOTA Organisme dont le siège est à New York.

illegal entry (of a person into Canada)

entrée clandestine; entrée illégale; introduction illégale
(d'une personne au Canada)

illegal migrant

clandestin; migrant non autorisé; migrant clandestin

Immigration Act

Loi sur l'immigration

Immigration Act, 1976

Loi sur l'immigration de 1976

Immigration and Refugee Board

Commission de l'immigration et du statut de réfugié

immigration and refugee system	**processus concernant les immigrants et les réfugiés**
immigration appeal	**appel de l'immigration; appel en matière d'immigration**
Immigration Appeal Board NOTE Former Board.	**Commission d'appel de l'immigration** NOTA Organisme qui a précédé la Commission de l'immigration et du statut de réfugié.
Immigration Appeal Division (see **Appeal Division**)	**Section d'appel de l'immigration** (voir **Section d'appel**)
Immigration Appeal Division Procedures Manual	*Guide des procédures de la Section d'appel de l'immigration*
Immigration Appeal Division Rules	*Règles de la section d'appel de l'immigration*
Immigration Appeals Office (Citizenship and Immigration Canada)	**Bureau des appels de l'Immigration** (Citoyenneté et Immigration Canada)
immigration bar	**avocats(es) spécialisés(ées) en droit de l'immigration; avocats(es) spécialistes de l'immigration**
immigration case-law	**jurisprudence en matière d'immigration**
immigration examination (by an Immigration Officer)	**interrogatoire relatif à l'immigration; interrogatoire** (de l'agent d'immigration)
immigration inquiry	**enquête en matière d'immigration**
immigration lawyer	**avocat(e) spécialisé(e) en droit de l'immigration; avocat(e) spécialiste de l'immigration**

Immigration Legislative Review Advisory Group	Groupe consultatif pour la révision de la législation sur l'immigration
Immigration Officer	agent(e) d'immigration
Immigration Regulations, 1978	*Règlement sur l'immigration de 1978*
improper means (see **fraudulent or improper means**)	**moyens irréguliers** (voir **moyens fraduleux ou irréguliers**)
improperly documented arrival	arrivant non muni des documents voulus
improperly documented claimant	revendicateur non muni des documents voulus
in absentia (in the absence of the person who is the subject of the proceedings)	*in absentia;* par contumace (en l'absence de l'intéressé)
in camera hearing; closed hearing	audience à huis clos
in-Canada claimant	revendicateur du statut de réfugié dont la demande a été étudiée au Canada
in-Canada refugee	réfugié dont le statut est reconnu au Canada; réfugié sélectionné au Canada
in-Canada refugee claim	revendication du statut de réfugié présentée au Canada
in-status	autorisé de séjour; en situation administrative régulière; qui séjourne légalement au Canada
inadmissible class	catégorie (de personnes) non admissible(s)
inadmissible person	personne non admissible

inadmissibility	non-admissibilité (d'une personne); non-recevabilité (d'une preuve, d'une revendication)
inclusion, evidence on	inclusion, éléments de preuve relatifs à l'
incompetent (person)	incapable
Indexed Media Review	Revue de presse indexée
indexing sheet (Immigration and Refugee Board Legal Services)	fiche de publication (Services juridiques de la Commission de l'immigration et du statut de réfugié)
indictable offence	acte criminel
indirect contempt	outrage indirect
indirect evidence; circumstantial evidence	preuve circonstancielle; preuve par présomption; preuve tirée d'indices; preuve déduite d'indices; preuve indirecte
Indochinese Refugee Program	programme en faveur des réfugiés indochinois
infibulation (see female genital mutilation, genital mutilation or excision) NOTE A rite practised in certain regions of Africa.	infibulation (voir mutilation sexuelle des femmes, mutilation sexuelle ou excision) NOTA Rite pratiqué dans certaines régions d'Afrique.
informally and expeditiously	sans formalisme et avec célérité
Information Management Committee	Comité de gestion de l'information
Information Request	Demande d'information

Information Services Unit	Section des services de renseignements
Information Sharing Agreement	Entente sur l'échange de renseignements
Information Systems Directorate	Direction des systèmes informatisés
information technology insfrastructure management	gestion de l'infrastructure de la technologie de l'information
Information Technology Planning, Policy and Security	Planification, politique et sécurité de la technologie de l'information
Information Technology Services	Services de technologie de l'information
informed consent	consentement éclairé
initial hearing; preliminary hearing NOTE This first-level hearing was eliminated when the *Immigration Act* was amended by Bill C-86.	instruction préliminaire NOTA Ce premier palier d'audience a été supprimé par suite de l'entrée en vigueur du projet de loi C-86 modifiant la *Loi sur l'immigration.*
initial hearing panel	tribunal de première instance
inland report	rapport établi au Canada
input (of appeals filed, claims referred)	appels interjetés (SAI); revendications reçues (SSR); intrants (terme très général, rarement utilisé)
inquiry	enquête
inquisitorial proceedings	procédure d'enquête
instruct counsel, to	mandater un conseil

Instructions for the Acquisition and Disclosure of Information for Proceedings in the Refugee Division	*Instructions concernant l'obtention et la divulgation de renseignements lors de procédures devant la Section du statut de réfugié*
Instructions Governing Extra-Hearing Communications between Members of the Refugee Division and Refugee Claim Officers and between Members of the Refugee Division and other Employees of the Board	*Instructions régissant les communications à l'extérieur de la salle d'audience entre les commissaires de la Section du statut de réfugié et les agents chargés de la revendication et entre les commissaires de la Section du statut de réfugié et d'autres employés de la Commission*
intake	**nouveaux arrivants, nombre de; revendications reçues** (Section du statut de réfugié); **appels interjetés** (Section d'appel de l'immigration)
Inter-Church Committee for Refugees	**Comité inter-églises pour les réfugiés**
interim stay	**suspension provisoire**
interlocutory decision	**décision interlocutoire**
interlocutory matter	**question interlocutoire**
internal flight alternative	**possibilité de refuge intérieur**
International Association of Refugee Law Judges	**Association internationale des juges aux affaires des réfugiés**
International Covenant on Civil and Political Rights	*Pacte international relatif aux droits civils et politiques*
international (legal) instrument	**instrument (juridique) international**
international law	**droit international**

International Law Commission	Commission du droit international
International Media Database	Base de données des médias internationaux
International Media Review	Revue de presse internationale
international refugee law	droit international des réfugiés
Interpretation of the Convention Refugee Definition in the Case Law NOTE A document by Legal Services that is updated once a year.	*La jurisprudence sur la définition de réfugié au sens de la Convention* NOTA Document des Services juridiques mis à jour tous les ans.
Interpreter	interprète
Interpreter Payment System	Système de paiement des interprètes
Interpreter's Handbook	*Guide des interprètes*
Interpreters Unit	Section des services d'interprétation
investigative, prosecutorial and adjudicative functions	fonctions d'enquêteur, de poursuivant et de juge
IRB New Employee's Orientation Tool Kit	Trousse d'orientation pour les nouveaux employés de la CISR
irrelevant evidence	élément de preuve non pertinent
Islamic dress code	code vestimentaire islamique
issuance of summons	délivrance d'une assignation
issue	question à examiner
issue paper	exposé; document de fond

issue-specific package	dossier sur des sujets précis
issue tracking	suivi des questions d'actualité
itinerant site	tribunal itinérant

joinder of cases	réunion d'instances; jonction d'instances
Joint Career Transition Committee	Comité conjoint de transition de carrière
joint hearing	audience collective; audience conjointe
joint inquiry	enquête collective; enquête conjointe
Joint IRB/CIC Protection Agency Working Group NOTE A proposal resulting from the work of Immigration Legislative Review Advisory Group.	Groupe de travail conjoint CISR/CIC sur la création d'une agence de protection NOTA Proposition qui découle des travaux du Groupe consultatif pour la révision de la législation sur l'immigration.
Joint IRB/CIC Working Group on Legislative Review	Groupe de travail conjoint CISR/CIC sur la révision de la législation
judicial deference; curial deference	retenue judiciaire
judicial review	contrôle judiciaire
judicial temperament	attitude d'un juge
jurisdiction	compétence NOTA Lorsque le terme anglais « jurisdiction » désigne une entité géographique, il se rend entre autres par « État » et « territoire ».

jurisdiction, to take	statuer sur sa compétence à entendre le cas
jurisprudence relating to refugees	jurisprudence en matière de réfugiés
Jurisprudence Update; Legal Update	jurimeeting; mise à jour de la jurisprudence
juristic culture	culture judicielle
Just-in-Time Scheduling Project	projet de mise au rôle dans un délai fixe

keynote address	discours-programme; discours liminaire
know the case one has to meet, to	connaître les preuves à réfuter
knowingly contravene (conditions)	contrevenir sciemment à (des conditions)

lack of credibility	manque de crédibilité
landed immigrant; permanent resident; landed resident NOTE "Permanent resident" is gradually replacing "landed immigrant".	résident permanent; immigrant admis NOTA « Résident permanent » s'emploie de plus en plus à la place d' « immigrant ayant obtenu le droit d'établissement ».
landed resident; permanent resident; landed immigrant NOTE "Permanent resident" is gradually replacing "landed immigrant".	résident permanent; immigrant admis NOTA « Résident permanent » s'emploie de plus en plus à la place d' « immigrant ayant obtenu le droit d'établissement ».

landing	**droit d'établissement; établissement; droit de s'établir**
late filing (of a document)	**dépôt tardif** (d'un document)
law-abiding citizen	**citoyen respectueux des lois**
law and order	**ordre public; respect de la loi et maintien de l'ordre; maintien de l'ordre**
law of general application	**loi d'application générale**
law of return (Israel)	**loi sur le retour** (Israël)
lawfully residing	**ayant résidence légale**
lay counsel; non-lawyer; non-legal counsel	**non-juriste** (n.)**; conseil non juriste**
lead-case	**cas type; arrêt clé**
leading question	**question suggestive; question tendancieuse**
Learning Centre	**Centre d'apprentissage**
Leave Reporting System NOTE Computer system.	**Système de rapports sur les congés** NOTA Système informatique.
leave to appeal	**autorisation d'appel; autorisation d'interjeter appel; autorisation d'en appeler; autorisation d'appeler; permission d'interjeter appel**
legal advisor	**conseiller(ère) juridique**
legal decision	**décision judiciaire; décision de justice**
legal profession	**barreau; profession d'avocat; milieu juridique, le; juristes, les**

legal protection	**protection juridique**
legal secretary	**secrétaire juridique**
Legal Services (Branch) (of the Immigration and Refugee Board)	**Services juridiques** (de la Commission de l'immigration et du statut de réfugié); **Direction générale des services juridiques**
Legal Update; Jurisprudence Update	**jurimeeting; mise à jour de la jurisprudence**
LexChange NOTE A case management bulletin published by the Toronto office of the Board.	**LexChange** NOTA Bulletin sur la gestion des cas publié par le bureau de Toronto de la Commission.
line of authority	**courant jurisprudentiel; tendance jurisprudentielle** (sens juridique); **voie hiérarchique; canal hiérarchique** (sens administratif ou général)
long stayer	**réfugié ayant résidé longtemps dans un camp; réfugié vivant de longue date dans un camp**
low income cutoff	**seuil de faible revenu**
low probative value (see **high probative value**)	**valeur probante faible** (voir **valeur probante élevée**)

majority decision	décision majoritaire
majority of the court, the	juges majoritaires, les; juges formant la majorité, les; motifs de la majorité, dans les; juge X a conclu au nom de la majorité, le
management	**gestion** (la) (pour désigner l'activité de gérer); **direction** (la); **cadres** (pour désigner un groupe de gestionnaires)
Manager	gestionnaire; cadre
manifestly unfounded claim	revendication manifestement non fondée
marriage of convenience	mariage de convenance; mariage d'intérêt
material fact	fait important; fait substantiel
materiality	caractère substantiel
media line	infocapsule
medical evidence	preuve d'ordre médical
medical examination	visite médicale
medical inadmissibility	non-admissibilité pour des raisons médicales; non-admissibilité pour des raisons d'ordre médical
medical inadmissibility appeal	appel d'une décision de non-admissibilité pour des raisons médicales; appel d'une décision de non-admissibilité pour des raisons d'ordre médical

Medical Officer	**médecin agréé**
medical refusal	**refus pour des raisons médicales; refus pour des raisons d'ordre médical**
Member (Immigration and Refugee Board)	**commissaire** (de la Commission de l'immigration et du statut de réfugié) NOTA Terme en usage à la Commision; la Loi utilise le terme « membre », mais les membres d'une commission sont des commissaires.
Member Applicant System	**Système de suivi des candidatures aux postes de commissaires**
member of the country of asylum class (see **asylum country class**)	**personne de pays d'accueil** (voir **catégorie des personnes de pays d'accueil**)
member of the deferred removal orders class	**immigrant visé par une mesure de renvoi à exécution différée**
member of the family class; family class member	**parent; personne appartenant à la catégorie de la famille**
member of the post-determination refugee claimants in Canada class	**demandeur non reconnu du statut de réfugié au Canada**
member of the source country class	**personne de pays source**
member performance appraisal	**évaluation du rendement des commissaires**
Member's Performance Appraisal: A Guide for Appraisers	*Évaluation du rendement des commissaires : guide de l'évaluateur*
Member Performance Appraisal Form	**Formulaire d'évaluation du rendement des commissaires**

member-year	**année-commissaire**
mere possibility (of persecution)	**simple possibilité** (de persécution)
Merit Award	**prime au mérite**
merits (of a claim)	**bien-fondé** (d'une revendication)
merits, on the	**sur le fond; au fond**
military action	**action militaire**
military service	**service militaire**
Minister NOTE Minister of Citizenship and Immigration Canada.	**ministre** NOTA Ministre de la Citoyenneté et de l'Immigration du Canada.
Minister's counsel NOTE Referred to by Citizenship and Immigration Canada as "Hearing Officer", "Appeals Officer" or "Case Presenting Officer".	**conseil du(de la) ministre** NOTA Expression utilisée par Citoyenneté et Immigration Canada pour désigner un « agent d'audience », un « agent des appels » ou un « agent de présentation des cas ».
Minister's information	**renseignements ministériels; renseignements de source ministérielle**
Minister's intervention	**intervention ministérielle; intervention du(de la) ministre**
Minister's (danger) opinion	**avis (de danger) du(de la) ministre**
Minister's permit	**permis ministériel**
Ministerial Advisory Committee	**Comité consultatif ministériel**
minor	**mineur**

Minority Rights Group
NOTE International
organization.

**Groupement pour les droits
des minorités**
NOTA Organisme international.

misrepresentation (of a material
fact)

fausse indication (sur un
fait important)**; déclaration
inexacte, faire une;
présentation erronée des faits**

mitigating circumstance

circonstance atténuante

mock hearing

audience simulée

monitoring

encadrement; suivi; contrôle

**Monthly Judicial Review
Tracking Report**

**Rapport de suivi des décisions
pouvant faire l'objet d'un
contrôle judiciaire**

moot court proceedings

audition fictive; tribunal fictif

motion

requête

motion, on their own (speaking
of members)

initiative, de leur propre
(en parlant des commissaires)

motion for a rehearing

**requête visant à obtenir la
tenue d'une nouvelle audience**

motion to reopen

**requête en réouverture;
requête en révision**

**multiple claims; repeat claims;
serial claims**

**revendications réitérées;
revendications multiples**

**multiple claims deemed to be
one**

**revendications multiples
réputées n'en former qu'une
seule**

multiple nationality

nationalité multiple

multiple-source feedback

**rétroaction de sources
multiples**

National Contingency Planning Group	Groupe de planification nationale de contingence
National Documentation Committee	Comité national de la documentation
National Executive Planning Conference	Conférence nationale de planification de la haute direction
National Executive Planning Meeting	réunion nationale de planification de la haute direction
National Geographic Network	réseau géographique national
National Implementation Committee	Comité national de mise en oeuvre
National Information Systems Committee	Comité national des systèmes informatisés
National Issue Package	Dossier sur des questions d'intérêt national
National Labour-Management Consultative Committee	Comité national de consultation patronal-syndical
National Learning Committee	Comité national sur l'apprentissage
National Learning Framework	Programme national d'apprentissage
National Learning Plan	Plan national d'apprentissage
National Learning Steering Committee	Comité directeur national sur l'apprentissage
National Occupational Safety and Health Committee	Comité national de santé et de sécurité au travail

National Policy Committee	**Comité national des politiques**
National Professional Development Committee	**Comité national du perfectionnement professionnel**
National Research Collection	**collection de recherche nationale**
natural justice	**justice naturelle**
negative decision	**décision défavorable**
net intake (of claims) (Convention Refugee Determination Division)	**nombre net de revendications reçues** (Section du statut de réfugié)
no credible basis	**absence de minimum de fondement**
non-adjudicative manner (with respect to Alternative Dispute Resolution)	**sans l'intervention des tribunaux** (en parlant du mode alternatif de règlement des conflits)
non-adversarial hearing	**audience de nature non contradictoire; audience de nature non accusatoire**
non-adversarial proceeding	**procédure de type non contradictoire; procédure de type non accusatoire**
non-exempted information	**information accessible au public**
non-immigrant	**non-immigrant**
non-invited migrant	**migrant clandestin indésirable**
non-lawyer; non-legal counsel; lay counsel	**non-juriste** (n.)**; conseil non juriste**
non-legal counsel; non-lawyer; lay counsel	**non-juriste** (n.)**; conseil non juriste**

non-mandated activity	**activité ne relevant pas directement du mandat de la Commission de l'immigration et du statut de réfugié**
non-party (with respect to the hearing, the inquiry)	**tiers; partie non concernée** (par l'audience, par l'enquête)
non-permanent resident; person who is not a permanent resident	**non-résident permanent**
non-political crime; common crime; ordinary law crime	**crime de droit commun**
non-refoulement (principle of)	**principe de non-refoulement**
no show; failure to appear (at the hearing, the inquiry)	**défaut de se présenter** (à l'audience, à l'enquête); **défaut de comparaître**
No Show Court	**audience sur le défaut de comparaître**
notice of appeal	**avis d'appel**
notice of decision	**avis de décision**
notice of facts	**admission d'office**
notice of hearing	**avis d'audience**
notice of inquiry	**avis d'enquête**
notice of motion	**avis de requête**
notice to appear	**avis de convocation**
notification	**notification** (d'une décision); **avis** (donner)
notification of appeal rights letter	**lettre d'avis de droit d'appel**

Not Just Numbers: A Canadian Framework for Future Immigration
NOTE Report published in 1997 by the Immigration Legislative Review Advisory Group.

Au-delà des chiffres : L'immigration de demain au Canada
NOTA Rapport publié en 1997 par le Groupe consultatif pour la révision de la législation sur l'immigration.

novel decision

décision novatrice

oath

serment

oath or affirmation

serment ou affirmation solennelle

obiter **comment;** *obiter dictum*

opinion incidente; remarque incidente; *obiter dictum*

obiter dictum; *obiter* **comment**

opinion incidente; remarque incidente; *obiter dictum*

objective element

élément objectif

Office of the Privacy Commissioner

Commissariat à la protection de la vie privée

Office of the United Nations High Commissioner for Refugees

Haut Commissariat des Nations Unies pour les réfugiés

Official Languages Advisory Committee

Comité consultatif sur les langues officielles

Official Languages Champion
NOTE Treasury Board Secretariat title for the position.

champion(ne) des langues officielles
NOTA Titre donné par le Secrétariat du Conseil du Trésor.

On-line Research and Electronic Networks

Recherches en ligne et réseaux électroniques

one-child policy (China)

politique de l'enfant unique (Chine)

onus of proof; burden of proof	charge de la preuve; fardeau de la preuve
opening statement	déclaration préliminaire; déclaration d'ouverture
Operational Service Manager	gestionnaire des services opérationnels
Operational Systems Section	Section des systèmes opérationnels
Operations Services Unit	Section des services opérationnels
opinion evidence	témoignage d'opinion; preuve fondée sur un avis
opportunity to be heard	possibilité de se faire entendre
oral decision; bench decision; decision from the bench	décision rendue de vive voix; décision rendue à l'audience
oral evidence	témoignage de vive voix; preuve orale
oral negative decision	décision défavorable rendue de vive voix
oral negative reasons	motifs de décision défavorable donnés de vive voix
oral reasons for decision; bench reasons for decision	prononcé à l'audience des motifs de décision; motifs donnés à l'audience; motifs (de décision) donnés de vive voix
oral source (of information)	**source orale** (d'information)
oral testimony	déposition orale; témoignage de vive voix

order to reopen (a hearing, an inquiry)

ordonnance de réouverture (d'une audience, d'une enquête)

ordered deported

frappé (d'une mesure) d'expulsion

ordinary law crime; common crime; non-political crime

crime de droit commun

Ottawa/Atlantic District Office
NOTE This office was created in April 1993. Before then, it was called "Ottawa Atlantic Operations".

bureau de district d'Ottawa-Atlantique
NOTA Ce bureau a été créé en avril 1993. Il s'appelait alors le Bureau des opérations d'Ottawa et de l'Atlantique.

output

revendications réglées (Section du statut de réfugié)**; appels réglés** (Section d'appel de l'immigration)**; extrants** (terme très général, rarement utilisé)

output level

niveau de productivité

Outreach Program

Programme de sensibilisation du public

outside the country of nationality

hors du pays de nationalité

outstanding appeal

appel en instance; appel à régler

outstanding reasons

motifs non rédigés; motifs en suspens; motifs en retard

overbooking

surcharge du rôle

Pacific Rim Independent Refugee Determination System	**Tribunaux indépendants de détermination du statut de réfugié des pays riverains du Pacifique**
panel	**tribunal; commissaires saisis de l'affaire** NOTA L'expression « formation du tribunal » est aussi utilisée par les tribunaux supérieurs.
panel shopping (see **forum shopping**)	**recherche de commissaires plus accommodants**
paper hearing	**instruction sur dossier**
Paralegal	**technicien(ne) parajuridique**
Paralegal Assistant	**adjoint(e) parajuridique**
Paralegal Officer	**agent(e) parajuridique**
parallel processing	**traitement parallèle**
particular facts (see **generally known facts**)	**faits particuliers** (voir **faits notoires**)
particular social group	**groupe social**
party	**partie**
party adverse in interest to the claimant, standing of	**partie ayant un intérêt opposé à celui du revendicateur, qualité de**
pending	**en attente; en suspens; en instance** (en parlant d'une revendication, d'un appel, d'une enquête)**; pendant**

pending caseload; pending inventory of cases; cases pending	cas en instance; appels en instance
pending inventory of cases; pending caseload; cases pending	cas en instance; appels en instance
PeopleSoft Strategic Planning Committee	Comité de planification stratégique du système PeopleSoft
perceived political opinion	opinions politiques présumées; opinions politiques imputées
peremptory adjournment	ajournement péremptoire
performance bond	garantie de bonne exécution
Performance Management Program for EXs	Programme de gestion du rendement du groupe de la direction
Performance Report	Rapport de rendement
Performance Review Committee	Comité d'examen du rendement
Performance Review Program	Programme d'examen du rendement
period of deliberation	période de délibéré
permanent resident; landed immigrant; landed resident NOTE "Permanent resident" is gradually replacing "landed immigrant".	résident permanent; immigrant admis NOTA « Résident permanent » s'emploie de plus en plus à la place d'« immigrant ayant obtenu le droit d'établissement ».
permit	permis
persecution for nationality	persécution du fait de la nationalité

persecution for political opinion	persécution du fait des opinions politiques
persecution for religion	persécution du fait de la religion
persecution of a family member	persécution d'un membre de la famille
person concerned	intéressé; personne en cause
person of concern to the Office of the United Nations High Commissioner for Refugees	personne relevant de la compétence du Haut Commissariat des Nations Unies pour les réfugiés
person who is determined to be a Convention refugee	personne à qui le statut de réfugié au sens de la Convention a été reconnu; personne reconnue comme réfugié au sens de la Convention; réfugié au sens de la Convention reconnu comme tel
person who is not a permanent resident; non-permanent resident	non-résident permanent
Personal Information Form (see **Personal Information Form for People Claiming to be a Convention Refugee**)	Formulaire de renseignements personnels (voir **Formulaire de renseignements personnels pour demandeurs du statut de réfugié au sens de la Convention**)
Personal Information Form for People Claiming to be a Convention Refugee	**Formulaire de renseignements personnels pour demandeurs du statut de réfugié au sens de la Convention**
Personal Learning Contract	contrat d'apprentissage personnel

personal service	**signification** (d'un document) **à une personne**
Personal Service Contract for Interpreters	**contrat de services personnels d'interprétation**
Personnel Management Information System NOTE Computer system no longer in use; the Human Resources Directorate now uses PeopleSoft.	**Système d'information pour la gestion du personnel** NOTA Système informatique désuet; la Direction des ressources humaines utilise maintenant PeopleSoft.
Personnel Security Screening and ID Cards	**Enquêtes de sécurité sur le personnel et cartes d'identité**
persuasive decision	**décision à caractère persuasif**
persuasive value	**force persuasive**
perverse or capricious	**abusif ou arbitraire**
Planning and Budgeting Committee	**Comité de planification et de budgétisation**
Planning, Reporting and Accountability Structure	**structure de planification, de rapport et de responsabilisation**
pleasure, during	**amovible, à titre**
Policy and Monitoring NOTE Part of the Corporate Management Directorate.	**Politiques et contrôle** NOTA Relève de la Direction de la gestion intégrée.
Policy and Procedures Directorate NOTE Part of the Policy, Planning and Research Branch.	**Direction des politiques et des procédures** NOTA Relève de la Direction générale des politiques, de la planification et des recherches.
Policy Development and Coordination Section	**Section de l'élaboration et de la coordination des politiques**

*Policy on Written Reasons
for Positive Decisions*

*Politique sur la rédaction
des motifs de décisions
favorables*

**Policy, Planning and Research
Branch**
NOTE Formerly called
"Operations, Policy and Planning"
and "Program Policy and
Standards Development Branch".

**Direction générale des
politiques, de la planification
et des recherches**
NOTA Anciennement appelée
« Opérations, politiques et
planification » et « Direction
générale de l'élaboration de
politiques et des normes des
programmes ».

political opinion

opinions politiques

portfolio partner (Citizenship
and Immigration Canada)

**partenaire de portefeuille;
qui partage le même
portefeuille** (Citoyenneté et
Immigration Canada)

port of entry

point d'entrée

port-of-entry notes

notes prises au point d'entrée

**Position and Classification
Information System** (Treasury
Board Secretariat)

**Système d'information sur
les postes et la classification**
(Secrétariat du Conseil du
Trésor)

positive decision

décision favorable

positive duty of candour

**obligation absolue d'être
sincère**

**Post Claim Advisory
Committee**

**Comité consultatif de révision
des revendications refusées**

**post-claim review;
post-determination review**

**révision d'une revendication
refusée**

**post-determination refugee
claimants in Canada class**

**catégorie des demandeurs
non reconnus du statut de
réfugié au Canada**

post-determination review; post-claim review	révision d'une revendication refusée
postponement	remise
Postponements and Adjournments (practice notice)	*Remises et ajournements* (avis de pratique)
practice notice	**avis de pratique**
precedent book	**recueil de jurisprudence**
preferred position paper	**exposé de position privilégiée**
preferred practice	**pratique privilégiée**
pre-hearing conference	**conférence préparatoire** (à l'audience)
preliminary conference	**conférence préliminaire**
preliminary hearing; initial hearing NOTE This first-level hearing was eliminated when the *Immigration Act* was amended by Bill C-86.	**instruction préliminaire** NOTA Ce premier palier d'audience a été supprimé par suite de l'entrée en vigueur du projet de loi C-86 modifiant la *Loi sur l'immigration*.
preliminary matter	**question préliminaire**
pre-removal risk assessment	**évaluation du risque avant le renvoi**
prescribed country	**pays désigné**
presiding member	**président de l'audience**
presumption	**présomption**
prima facie eligibility	**détermination de la recevabilité sur la foi des renseignements fournis**
prima facie evidence	**preuve *prima facie***
prima facie refugee	**présumé être réfugié**

primary evidence of a document	**preuve primaire d'un document**
principal claimant	**revendicateur principal**
principles of fundamental justice	**principes de justice fondamentale**
Priorities Coordination Agreement	**Entente sur la coordination des priorités**
priority processing	**traitement prioritaire**
Privacy Act	*Loi sur la protection des renseignements personnels*
Privacy Commissioner	**commissaire à la protection de la vie privée**
probative value	**valeur probante**
procedural fairness	**équité procédurale**
procedural issue	**question relative à la procédure; question de procédure**
proceed, ready to	**prêt à entendre l'affaire** (en parlant du tribunal); **prêt à présenter des arguments** (en parlant des avocats)
proceed to deal with the case, to	**instruire l'affaire**
proceed to hear the case, to	**procéder à l'audition de l'affaire**
processing (of a case)	**traitement** (d'un cas)
processing of an undertaking of assistance given in Canada (in the context of sponsorship)	**traitement d'un engagement d'aide présenté au Canada** (dans le cadre des parrainages)

Processing of undocumented and improperly documented refugee claimants (practice notice)	*Avis de pratique sur le traitement des revendications présentées par des demandeurs non munis de documents ou non munis des documents voulus*
processing time	délai de traitement
production of a document	production d'un document
Products and Research Analysis Unit	Section de la production et de l'analyse de la recherche
professional conduct	éthique professionnelle
Professional Development Branch NOTE Formerly called "Members' Professional Development Branch".	Direction générale du perfectionnement professionnel NOTA Anciennement appelée « Direction générale du perfectionnement professionnel des commissaires ».
Professional Development Committee	Comité du perfectionnement professionnel
profile of persons at risk	profil des personnes à risque
proof of relationship	preuve du lien de parenté
proof of service	preuve de la signification
proper conduct (of the hearing)	bonne conduite (de l'audience)
prosecution	poursuites judiciaires; poursuite; procès
prosecution as the basis of a well-founded fear of persecution	poursuites comme motif justifiant la crainte d'être persécuté
protection elsewhere	protection ailleurs
Protocol for Dealing with Unrepresented Appellants at the Appeal Division	*Protocole relatif au traitement des appelants non représentés devant la Section d'appel*

Protocol Addressing Member Conduct Issues	*Protocole relatif aux questions concernant la conduite des commissaires*
Protocol relating to the Status of Refugees, 1967	*Protocole de 1967 relatif au statut des réfugiés*
Public and Parliamentary Affairs Directorate	**Direction des affaires publiques et parlementaires**
public danger certificate	**attestation de danger pour le public**
public hearing	**audience publique**
public interest	**intérêt public; intérêt général**
public source information	**renseignements de source publique; renseignements obtenus de sources publiques**
publication ban	**interdiction de publier**
publicly declared political opinion	**opinions politiques publiquement exprimées; opinions politiques professées**

Quality Service Declaration	**Déclaration sur la qualité du service**
quashed	**cassé; annulé; infirmé**
quasi-judicial (with respect to a tribunal or its functions)	**quasi judiciaire** (en parlant d'un tribunal ou de ses fonctions)
Question and Answer Series	**série « Questions et réponses »**
question of fact	**question de fait**
question of law	**question de droit**

question of mixed law and fact	question mixte (de droit et de fait)
question (a person) under oath, to; swear in, to; administer an oath, to	faire prêter serment; interroger (une personne) sous serment; assermenter
questioning techniques	techniques d'interrogatoire
queue jumper	resquilleur
queue jumping	resquillage; resquille
quorum (see **coram**)	quorum (voir **coram**)

racial persecution	persécution raciale; persécution fondée sur la race
ratio decidendi NOTE The part of the reasons for decision that is directly related to the issues that have to be decided.	*ratio decidendi* NOTA La partie des motifs de décision qui concerne directement les questions qui doivent être tranchées.
ratio of hearings	proportion d'audiences
Royal Canadian Mounted Police Forensics Laboratory	laboratoire judiciaire de la Gendarmerie royale du Canada
Refugee Claim Officer Policy and Professional Development Advisor	conseiller(ère) en perfectionnement professionnel et en orientation des agents chargés de la revendication
re-appointment	renouvellement de nomination; reconduction; renomination

reasonable apprehension of bias (see **appearance of bias** or **apprehension of bias**)	**crainte raisonnable de partialité** (voir **apparence de partialité** ou **crainte de partialité**)
reasonable chance (of persecution)	**possibilité raisonnable** (d'être persécuté)
reasons (for decision)	**motifs (de décision)**
Reasons Review Policy	*Politique de révision des motifs*
Reasons Writing in the IAD	*La rédaction des motifs à la SAI*
rebut, to (evidence)	**réfuter** (un élément de preuve)
rebuttable presumption	**présomption réfutable**
receiving country; host country	**pays d'accueil; pays hôte**
recess	**suspension de l' (d') audience**
recommence a hearing, to	**reprendre l'audience**
reconsider and vacate status, to	**réexamen et annulation du statut**
reconsideration (of a decision)	**réexamen; nouvel examen** (d'une décision)
reconvene, to (the parties)	**reconvoquer** (les parties)
reconvene the inquiry, to	**reprendre l'enquête**
Records and Mail Services	**Services des dossiers et du courrier**
Records and Mail Unit	**Section des dossiers et du courrier**
Records, Documents and Information Management System	**Système de gestion des dossiers, des documents et des renseignements**

record of the hearing	dossier de l'audience
record of the proceedings	dossier de la procédure
Recorded Information Management Unit	Section de la gestion de l'information consignée
redetermination of a claim	réexamen d'une revendication
redetermination of eligibility by an Immigration Officer	nouvelle détermination de la recevabilité par un agent d'immigration
re-examination	nouvel interrogatoire; réinterrogatoire
refer a claim, to	déférer une revendication
Reference Desk	Services de consultation
referral (to the Convention Refugee Determination Division)	revendication déférée; cas déféré (à la Section du statut de réfugié)
refugee advocacy group	groupe de défense des réfugiés
Refugee Children – Guidelines on Protection and Care NOTE A document published by the Office of the United Nations High Commissioner for Refugees.	*Les enfants réfugiés – Principes directeurs concernant la protection et l'assistance* NOTA Un document publié par le Haut Commissariat des Nations Unies pour les réfugiés.
refugee claimant	revendicateur du statut de réfugié
Refugee Claimants Designated Class Regulations, 1989	*Règlement sur la catégorie admissible de demandeurs du statut de réfugié, 1989*
Refugee Claim Clerk	commis chargé(e) de la revendication

Refugee Claim Officer
NOTE New title for "Refugee Hearing Officer" following the adoption in March 1995 of a new inquiry model for the determination of refugee claims.

agent(e) chargé(e) de la revendication
NOTA Nouveau titre de l'« agent d'audience » par suite de l'adoption du nouveau modèle d'examen des revendications du statut de réfugié en mars 1995.

Refugee Claims Backlog Regulations, 1986

Règlement sur l'arriéré des revendications du statut de réfugié, 1986

Refugee Determination Process – Claimant's Guide

Processus de reconnaissance du statut de réfugié – Guide à l'intention du demandeur

Refugee Division
(see **Convention Refugee Determination Division**)
NOTE As set out in the *Immigration Act*, "means that division of the Board called the Convention Refugee Determination Division".

Section du statut
(voir **Section du statut de réfugié**)
NOTA Section du statut de réfugié de la Commission, comme mentionné dans la *Loi sur l'immigration*.

Refugee Hearing Officer
NOTE This title appears in the *Immigration Act*, however, the Immigration and Refugee Board currently uses the title "Refugee Claim Officer".

agent(e) d'audience
NOTA Titre figurant dans la *Loi sur l'immigration,* mais la Commission de l'immigration et du statut de réfugié utilise actuellement le titre d'« agent chargé de la revendication ».

refugee identity document

pièce d'identité du réfugié

refugee in orbit

réfugié dont personne ne veut; réfugié sans pays d'accueil; réfugié en orbite

refugee law

droit des réfugiés

refugee-like situation, person in a

quasi-réfugié

refugee movement	mouvement de réfugiés
refugee-producing country; source country	pays source de réfugiés
refugee status	statut de réfugié
refugee status determination process	processus de détermination du statut de réfugié; système de détermination du statut de réfugié
refugee "sur place"	réfugié sur place
refugee travel document	titre de voyage du réfugié; document de voyage du réfugié
refusal of protection	refus de protection
refused refugee claim	revendication refusée
refused refugee claimant; unsuccessful claimant; failed refugee claimant NOTE A claimant who has been determined not to be a Convention refugee.	revendicateur éconduit; revendicateur débouté (en justice) NOTA Revendicateur auquel le statut de réfugié a été refusé.
Regional Executive Committee	Comité de direction régional
regional expectation agreements	ententes sur le rendement attendu des bureaux régionaux
Regional Hearings Committee	Comité régional des audiences
Regional Learning Committee	Comité régional sur l'apprentissage
Regional Management Committee	Comité de gestion régional

Regional National Standards Committee NOTE A Convention Refugee Determination Division committee.	**Comité régional d'examen de normes nationales** NOTA Comité de la Section du statut de réfugié.
regional performance expectations	**attentes en matière de rendement régional**
Regional Professional Development Committee	**Comité régional de perfectionnement professionnel**
regional specialization group (see **geographic specialist** or **Geographic Team**)	**groupe de spécialistes de régions géographiques** (voir **spécialiste de région géographique** ou **équipe géographique**)
Registrar	**greffier(ère)**
Registrar's Unit; Registry	**Greffe**
Registry; Registrar's Unit	**Greffe**
regular hearing	**audience régulière**
rehearing	**nouvelle audience; nouvelle audition**
rehearing following court order	**nouvelle audience sur ordonnance de la Cour**
reinstatement	**rétablissement**
relaxation of rules	**assouplissement des règles**
release	**mise en liberté**
relevant evidence	**preuve pertinente**
religious persecution	**persécution fondée sur les croyances religieuses**
religious practice	**pratique religieuse**

remedy	**recours; réparation**
remit the claim, to (to be reheard)	**renvoyer la revendication** (pour nouvel examen, nouvelle audition)
remit the matter for rehearing, to	**renvoyer l'affaire pour la tenue d'une nouvelle audience**
removable person NOTE Means "a person who may be removed" from Canada; a person subject to a removal order.	**personne pouvant être renvoyée** (du Canada); **personne pouvant faire l'objet d'une mesure de renvoi**
removal appeal	**appel concernant une mesure de renvoi**
removal order	**mesure de renvoi**
removal order appeal	**appel relatif à une mesure de renvoi; appel d'une mesure de renvoi**
reopening (of a hearing, an inquiry)	**réouverture** (d'une audience, d'une enquête)
repeat claims; serial claims; multiple claims	**revendications réitérées; revendications multiples**
Report on Foreign Nationals in Federal Institutions NOTE An Immigration and Refugee Board form.	**Rapport sur les contrevenants étrangers dans les établissements fédéraux** NOTA Formulaire de la Commission de l'immigration et du statut de réfugié.
Report on Plans and Priorities	*Rapport sur les plans et les priorités*
representations, to make (see **written representations, to file**)	**observations, présenter des** (voir **observations écrites, présenter des** ou **observations, présenter par écrit des**)

Representations at Hearings
(practice notice)

Présentation d'observations lors des audiences (avis de pratique)

reproduction and supply room

salle de reproduction et de fournitures

Research Directorate
NOTE Part of the Policy, Planning and Research Branch.

Direction des recherches
NOTA Fait partie de la Direction générale des politiques, de la planification et des recherches.

reserved decision

décision mise en délibéré

resettlement camp

camp de réfugiés pouvant être réétablis; camp de réfugiés en voie de réétablissement; camp de réfugiés en voie de réinstallation

resettlement from abroad class

catégorie des personnes outre-frontières en voie de réinstallation

resident

résident

res judicata

chose jugée

Resource Centre

Centre de ressources

Resourcing, Diversity, Official Languages, Classification and Organization Unit

Section du ressourcement, de la diversité, des langues officielles, de la classification et de l'organisation

respondent

intimé

Responses to Information Requests

Réponses aux demandes d'information

restricted document

document à diffusion restreinte

resume, to (a hearing, an inquiry)	**reprendre** (une audience, une enquête)
resumption of a hearing	**reprise d'une audience**
resumption of an inquiry	**reprise d'une enquête**
retain counsel, to	**retenir les services d'un conseil**
Retention and Disposal Services NOTE Part of the Recorded Information Management Unit.	**Services de conservation et d'élimination** NOTA Relève de la Section de la gestion de l'information consignée.
retroactive	**rétroactif**
return migration	**migration de retour**
return to safe third country	**renvoi dans un tiers pays sûr**
returning resident permit	**permis de retour pour résident permanent**
reverse a decision, to; set aside a decision, to	**infirmer une décision; casser une décision; annuler une décision**
review in chambers	**examen en cabinet**
reviewable error	**erreur donnant lieu à révision; erreur susceptible de révision; erreur révisable**
reviewing court	**instance révisionnelle; cour supérieure**
Revised Statutes of Canada, 1985	**Lois révisées du Canada – 1985** NOTA Anciennement appelé « Statuts révisés du Canada – 1970 ».
revocation	**révocation**

right of appeal	droit d'appel
right to a fair hearing	droit à une audition équitable
right to an interpreter	droit à un interprète
right to an oral hearing	droit à une audience
right to be heard	droit de se faire entendre
right to counsel	droit de se faire représenter par un avocat (ou un conseil); droit à un conseil; droit à l'assistance d'un avocat
right to earn one's livelihood	droit de gagner sa vie; droit d'exercer un métier
right to judicial review	droit au contrôle judiciaire
right to leave one's country	droit de quitter son pays
right to liberty and security	droit à la liberté et à la sécurité
right to life	droit à la vie
right to remain (in Canada)	droit de demeurer (au Canada)
right to return	droit au retour
roll call	appel du rôle
roll call interview	entrevue d'appel du rôle
rule against bias	règle de l'impartialité
rule of law	primauté du droit; suprématie du droit; souveraineté du droit

safe third country	tiers pays sûr
safeguard	mesure de protection
sanitized reasons	motifs (de décision) épurés
schedule	rôle (contexte juridique); calendrier; échéancier; programme; horaire (sens général) NOTA À éviter : cédule (anglicisme).
schedule, to	établir le rôle; mettre au rôle; mettre sur le rôle (contexte juridique); fixer une date (p. ex., la date d'une réunion); établir un horaire; établir un programme
schedule a case, to	mettre une cause au (sur le) rôle
scheduled class	classe répertoriée
Scheduler	préposé(e) à la mise au rôle
scheduling	mise au rôle; établissement du rôle
Scheduling and Interpreters Unit	Section du rôle et des services d'interprétation
Scheduling of Appeal Hearings (practice notice)	Mise au rôle des auditions des appels (avis de pratique)
Scheduling Unit	Section du rôle
screen, to (a case, a claim)	faire l'examen initial (d'un cas, d'une revendication)
screen out a case, to	rejeter un cas

screened-in refugee	**réfugié sélectionné par le pays hôte**
screened-out refugee	**réfugié non sélectionné par le pays hôte**
screening (see **front-end triage**)	**examen initial** (d'une revendication) (voir **triage initial**)
screening form NOTE Used by the Refugee Claim Officer.	**formulaire d'examen initial** NOTA Utilisé par l'agent chargé de la revendication.
screening hearing	**audience de présélection**
secondary evidence of a document	**preuve secondaire d'un document**
Secretariat Services Directorate	**Direction des services de secrétariat**
security certificate	**attestation de sécurité**
security clearance	**attestation sécuritaire; autorisation sécuritaire; autorisation de sécurité**
security deposit	**cautionnement**
security threat	**menace à la sécurité** (de l'État)
Security Tracking System	**Système de suivi de la sécurité**
seized panel	**tribunal saisi**
selection criteria	**critères de sélection**
Selection Review Committee for Decisions	**Comité de sélection des décisions**
self-exiled persons class	**catégorie désignée d'exilés volontaires**

self-serving evidence	preuve intéressée
Senior Counsel	avocat(e)-conseil principal(e)
Senior General Counsel	avocat(e) général(e) principal(e)
Senior Immigration Officer	agent(e) principal(e)
Senior Legal Advisor	conseiller(ère) juridique principal(e)
Senior Management Committee	Comité de la haute direction
Senior Management Team	équipe de la haute direction
sensitive information	renseignements de nature délicate
serial claims; repeat claims; multiple claims	revendications réitérées; revendications multiples
serious non-political crime	crime grave de droit commun
serious possibility (of persecution)	possibilité sérieuse (d'être persécuté)
serious question of general importance	question grave de portée générale
service of a document	signification d'un document
set aside a decision, to; reverse a decision, to	infirmer une décision; casser une décision; annuler une décision
settlement arrangements	conditions d'accueil; modalités d'accueil
Shari'a; Sharia; Chariah	shari'a; chari'a; charia (la) NOTA Le Robert écrit « charia » et le Larousse « chari'a ».
Sharia; Chariah; Shari'a	shari'a; chari'a; charia (la) NOTA Le Robert écrit « charia » et le Larousse « chari'a ».

show cause, to	justifier; exposer des motifs; faire valoir des moyens; exposer les moyens
show cause hearing	audience de justification
single-member panel	tribunal à un seul commissaire; tribunal formé d'un seul commissaire
single sitting, during a	seule séance, au cours d'une
sitting	séance
slot (scheduling)	plage (mise au rôle)
smuggler	passeur de clandestins
smuggling	passage de clandestins
social group persecution	persécution d'un groupe social
So help me God NOTE The swearing-in formula as found in the Parliament of Canada Act.	Ainsi Dieu me soit en aide NOTA Formule utilisée pour prêter serment retrouvée dans la Loi sur le parlement.
solemn affirmation	affirmation solennelle
solicitor-client privilege	secret professionnel (qui lie un avocat à son client); secret professionnel de l'avocat; privilège du secret professionnel de l'avocat; assujetti au secret professionnel
sound decision	décision judicieuse; décision juste
source country; refugee-producing country	pays source de réfugiés
Special Advisor	conseiller(ère) spécial(e)

special relief	mesure spéciale; redressement spécial
special source information	renseignements de source spéciale
Specialized Board of Inquiry	Commission d'enquête spécialisée
specialized knowledge	connaissances spécialisées; spécialisation
specialized tribunal; expert tribunal	tribunal spécialisé
specific case	cas d'espèce
specific information	renseignements précis
Specific Information Research Unit	Section de recherche de renseignements précis
split decision	cas de partage; décision partagée; différence d'opinion; dissidence
sponsor	répondant; parrain
sponsored applicant	requérant parrainé
sponsorship	parrainage
sponsorship appeal	appel en matière de parrainage; appel concernant une demande de parrainage; appel concernant une personne parrainée; appel interjeté par le répondant
spousal abuse (see wife abuse)	violence conjugale; violence entre conjoints; violence envers le(la) conjoint(e) (voir violence contre l'épouse)

Staff Relations, Compensation and EX Resourcing Unit	**Section des relations de travail, de la rémunération et du ressourcement des EX**
stakeholders	**groupes d'intérêt; intervenants; personnes concernées; gens du milieu**
Standards, Analysis and Monitoring Directorate	**Direction des normes, de l'analyse et du suivi**
standard of interpretation	**norme d'interprétation**
standard of proof	**norme de preuve** NOTA N'égale pas « degré de preuve ».
Standardized Country File	**Dossier de référence sur le pays**
Standing Committee on Citizenship and Immigration	**Comité permanent de la citoyenneté et de l'immigration** NOTA Comité du Parlement.
stare decisis NOTE The principle of reliance on decided cases.	***stare decisis*** NOTA Le respect des décisions des tribunaux supérieurs.
state of the law relating to the *Canadian Charter of Rights and Freedoms*	**état du droit se rapportant à la *Charte canadienne des droits et libertés***
stateless person	**apatride**
statement	**déclaration**
statement of agreed fact and law	**exposé conjoint des questions de droit et de fait; exposé des questions convenues de droit et de fait**
statement of requirements	**énoncé des besoins**

Statement of Service
NOTE An Immigration Appeal Division form.

statement of the facts

status in a country, to have

statutory authorities

statutory declaration

statutory duty

statutory refugee

statutory stay

stay of execution (of a removal order)

stay of proceedings

stayed case

Strategic Planning and Development Unit

Strategic Planning and Partnerships Section

stream into expedited process, to

streaming

student authorization

subject of the inquiry

Déclaration de signification
NOTA Formulaire de la Section d'appel de l'immigration.

exposé des faits

situation régulière dans un pays, être en

textes législatifs

déclaration solennelle

obligation prévue par la loi

réfugié statutaire

sursis d'origine législative

sursis d'exécution; sursis à l'exécution (d'une mesure de renvoi)

suspension d'instance; sursis d'instance

cas en sursis; cas avec sursis

Section de la planification stratégique et du perfectionnement

Section de la planification stratégique et des partenariats

orienter vers le processus accéléré

sélection du processus approprié

autorisation d'étude; autorisation d'étudier

objet de l'enquête

subject to due process of law in that country	soumis à l'application régulière du droit du pays; soumis aux voies de droit existant dans ce pays
subjective element	élément subjectif
submissions, to make oral (see written submissions, to file)	arguments oraux, présenter des (voir arguments écrits, présenter des)
subpoena; summons	citation; assignation; assignation de témoin; citation à comparaître
substantive entitlement	droit réel
substantive evidence	élément de preuve de fond; élément de preuve au fond
substantive ground	motif valable
substantive group and level	groupe et niveau de titularisation
substantive issue	question de fond
substantive jurisdiction	compétence matérielle
substantive law NOTE As opposed to procedural law.	droit substantiel; droit positif; droit matériel NOTA Par opposition au droit de procédure.
successful appeal; appeal allowed	appel accueilli
summary conviction	déclaration de culpabilité par procédure sommaire
summary offence	infraction punissable sur déclaration de culpabilité par procédure sommaire

summons; subpoena	citation; assignation; assignation de témoin; citation à comparaître
superior court of record	cour supérieure d'archives
Supreme Court of Canada	Cour suprême du Canada
Supreme Court Reports	Recueils des arrêts de la Cour suprême
suspension of refugee claims	suspension de l'étude des revendications du statut de réfugié
swear in, to; administer an oath, to; question (a person) under oath, to	faire prêter serment; interroger (une personne) sous serment; assermenter
System for Tracking Appeals and Refugee Claims	Système de suivi des appels et des revendications (du statut de réfugié) NOTA Le sigle demeure STAR en français.

take-charge approach	méthode de prise de contrôle
take evidence, to	administrer les preuves; recueillir des témoignages; entendre la preuve
tape recording	enregistrement sur bande (magnétique)
team meeting	réunion d'équipe
temporary absence	absence temporaire
temporary exclusion	exclusion temporaire
termination of a refugee claim	interruption de l'étude d'une revendication du statut de réfugié

terms and conditions	**conditions**
test; criterion	**critère**
testimony	**témoignage**
time in court NOTE Means "time in hearing room".	**temps en salle (d'audience)**
time limit	**délai**
Timely Filing of Personal Information Forms (practice notice)	***Dépôt en temps opportun des Formulaires de renseignements personnels*** (avis de pratique)
Tora; Torah	**Torah** (la)
Torah; Tora	**Torah** (la)
trafficker	**trafiquant**
trafficking (of human beings)	**trafic** (d'êtres humains)
transferred-out claim (to another Immigration and Refugee Board office)	**revendication transférée à un autre bureau** (de la Commission de l'immigration et du statut de réfugié)
transitional case	**cas visé par les mesures transitoires; cas traité suivant les mesures transitoires**
transitional provision	**disposition transitoire** (de la Loi)**; mesure transitoire**
Translator	**traducteur(rice)**
travel document	**titre de voyage; document de voyage**

Treatment of Unsolicited Information in the Refugee Division,The (a Policy, Planning and Research Branch policy)

Traitement des renseignements non sollicités à la Section du statut de réfugié (politique de la Direction générale des politiques, de la planification et des recherches)

Tribunal Operations Committee

Comité des opérations du tribunal

Tribunal Process Officer

agent(e) des processus du tribunal

Tribunal Process Memorandum

note de procédure

Tribunal Process Section
NOTE Part of the Policy, Planning and Research Branch. Direction générale des

Section des processus du tribunal
NOTA Relève de la politiques, de la planification et des recherches.

Tribunal Processes and Systems
NOTE Part of the Policy, Planning and Research Branch.

Processus et systèmes du tribunal
NOTA Relève de la Direction générale des politiques, de la planification et des recherches.

Tribunal Services

Services aux tribunaux

trite law

règle de droit bien connue

two-member panel

tribunal formé de deux commissaires

unaccompanied minor	mineur non accompagné
unanimity provision	disposition concernant le principe de l'unanimité; disposition relative au principe de l'unanimité
unconstitutional	inconstitutionnel
uncontradicted evidence	témoignage irréfuté
undertaking in support of an application for landing	engagement à l'appui d'une demande d'établissement
undertaking of sponsorship	engagement de parrainage
Undocumented and Improperly Documented Claimants: Assessing the evidence/Enhancing procedures (commentary)	*Observation sur les demandeurs non munis de documents ou non munis des documents voulus : Appréciation de la preuve/Amélioration des procédures*
undocumented Convention refugee in Canada class, member of the	réfugié au sens de la Convention se trouvant au Canada sans pièces d'identité
unduly repetitious evidence	élément de preuve inutilement répétitif
United Nations High Commissioner for Refugees	Haut Commissaire aux réfugiés; Haut Commissaire des Nations Unies pour les réfugiés
unsuccessful claimant; refused refugee claimant; failed refugee claimant	revendicateur éconduit; revendicateur débouté (en justice)

NOTE A claimant who has been determined not to be a Convention refugee.

NOTA Revendicateur auquel le statut de réfugié a été refusé.

upgrade a system, to	**mettre un système à niveau; mise à niveau d'un système** (informatique); **amélioration d'un système; mise à jour d'un système** (sens plus général)
upgraded system	**système mis à niveau; version plus récente d'un système** (informatique); **système amélioré; système plus récent** (sens plus général)

vacate, to (a determination that a person is a Convention refugee)	**annuler** (la reconnaissance du statut de réfugié au sens de la Convention)
vacation (of a determination that a person is a Convention refugee)	**annulation** (de la reconnaissance du statut de réfugié au sens de la Convention)
vacation hearing	**audience d'annulation**
validity (of a passport, a marriage)	**validité** (d'un passeport, d'un mariage)
vicarious traumatization	**traumatisme transmis par personne interposée**
violence against women NOTE See the Guidelines entitled *Women Refugee Claimants Fearing Gender-Related Persecution.*	**violence faite aux femmes** NOTA Voir les Directives intitulées *Revendicatrices du statut de réfugié craignant d'être persécutées en raison de leur sexe.*
Visa Officer	**agent(e) des visas**
visitor	**visiteur**
void	**annulé; nul**
voluntary departure	**départ volontaire**

voluntary re-availment of protection	**se réclamer de nouveau de la protection**
voluntary repatriation	**rapatriement volontaire**
vulnerable group	**groupe vulnérable**

waiver (of rights)	**renonciation** (à des droits)
warlord	**chef de guerre**
warrant	**mandat**
warrant of arrest	**mandat d'arrestation; mandat d'arrêt**
webmaster	**webmestre**
Weekly Media Review	**Revue de presse hebdomadaire**
weighing of evidence	**appréciation de la preuve**
weight of evidence	**valeur probante de la preuve; force probante de la preuve**
well-founded fear of persecution	**crainte fondée de persécution; craindre avec raison d'être persécuté**
well-reasoned decision	**décision éclairée**
wherever practicable	**mesure du possible, dans la**
widow burning (India) (see **bride burning** or **dowry burning**)	**immolation des veuves par le feu** (Inde) (voir **immolation des épouses** (ou **jeunes mariées**) **par le feu** ou **immolation par le feu en raison de la dot**)

wife abuse (see **spousal abuse**)	violence contre l'épouse; violence à l'égard de l'épouse (voir **violence conjugale**)
withdrawal	renonciation (revendication); retrait (demande)
withdrawal of nationality	retrait de la nationalité
without prejudice	sous toutes réserves
woman refugee	femme réfugiée
Women Refugee Claimants *Fearing Gender-Related* *Persecution – Update* (Chairperson's guidelines)	*Revendicatrices du statut de* *réfugié craignant d'être* *persécutées en raison de leur* *sexe – Mise à jour* (directives données par la présidente)
Working Group on the Competency Profile for the HR community	Groupe de travail sur le profil de compétences pour les RH
Working Group on Women Refugees	Groupe de travail sur les revendicatrices du statut de réfugié
Working with Unaccompanied *Minors in the Community:* *A Family-Based Approach* NOTE A document published by the Office of the United Nations High Commissioner for Refugees.	*Aider les mineurs non* *accompagnés au sein des* *communautés : une approche* *fondée sur la famille* NOTA Un document publié par le Haut Commissariat des Nations Unies pour les réfugiés.
workload pressure	pression découlant de la charge de travail
World Federation of United Nations Association	Fédération mondiale des associations pour les Nations Unies
writ of *certiorari*	bref de *certioriari*
writ of *mandamus*	bref de *mandamus*

written decision	**décision rendue par écrit**
written reasons	**motifs écrits; motifs donnés par écrit**
written representations, to file (see **representations, to make**)	**observations écrites, présenter des; observations, présenter par écrit des** (voir **observations, présenter des**)
written submissions, to file (see **submissions, to make oral**)	**arguments écrits, présenter des** (voir **arguments oraux, présenter des**)

English Acronyms

Acronymes anglais

ACC	asylum country class
ACEE	Advisory Committee on Employment Equity
ADC	Assistant Deputy Chairperson
ADR	Alternative Dispute Resolution
AFA	Administrative Framework Agreement
AIF	Acquisition of Information Form
ASD	Alternative Service Delivery
ATIP	Access to Information and Privacy
ATS	Adjudication Tracking System
C.A.	Court of Appeal
CAP	Career Assignment Program
CBM	competency-based management
CBT	computer-based training
CC	Case Clerk
CCAT	Canadian Council of Administrative Tribunals
CCM	Correspondence Control Management
CCPP	Consultative Committee on Practices and Procedures
CCR	Canadian Council for Refugees
CEC	Chairperson's Executive Committee
CIC	Citizenship and Immigration Canada
CIS	Commonwealth of Independent States
CLF	Core Learning Framework
CLIC	Canadian Law Information Council
CLPR	country of last permanent residence
CM	Coordinating Member
CMA	Case Management Assistant
CMD	Corporate Management Directorate
CMF	case management framework
CMG	Case Management Group
CMO	Case Management Officer
CMS	Case Management System
CMT	Case Management Team
CO	Case Officer
COV	change of venue
CPO	Case Presenting Officer
CPRC	Contracting and Procurement Review Committee
CRDD	Convention Refugee Determination Division
CSB	Corporate Services Branch
CSIS	Canadian Security Intelligence Service
CSR51	Convention relating to the Status of Refugees, 1951
CSRP67	Protocol relating to the Status of Refugees, 1967
DBU	Database Unit

DC	Deputy Chairperson
DM	District Manager
DR	Deputy Registrar
DRO	Dispute Resolution Officer
EHP	expedited hearing process
EIS	Executive Information System
ESB	Executive Secretariat Branch
FAQ	Frequently Asked Questions
F.C.	Federal Court
F.C.A.	Federal Court of Appeal
F.C.R.	Federal Court Reports
F.C.T.D.	Federal Court — Trial Division
FIS	Financial Information System
FMS	Financial Management System
FOSS	Field Operations Support System
FSWEP	Federal Student Work Experience Program
GCWCC	Government of Canada Workplace Charity Campaign
GIC	Governor in Council
HRD	Human Resources Directorate
HURIDOCS	Human Rights Information and Documentation Systems, International
IAB	Immigration Appeal Board
IAD	Immigration Appeal Division
IARLJ	International Association of Refugee Law Judges
ICCPR	International Covenant on Civil and Political Rights
ICR	Inter-Church Committee for Refugees
IDA	improperly documented arrivals
IFA	internal flight alternative
ILC	International Law Commission
ILRAG	Immigration Legislative Review Advisory Group
IMC	Information Management Committee
IMD	International Media Database
IMR	Indexed Media Review
IMR	International Media Review
IPS	Interpreter Payment System
IRB	Immigration and Refugee Board
ISA	Information Sharing Agreement
ISD	Information Systems Directorate
ISU	Information Services Unit
ITS	Information Technology Services
JCTC	Joint Career Transition Committee
LICO	low income cutoff
LRS	Leave Reporting System
MAC	Ministerial Advisory Committee
MAS	Member Applicant System

MRG	Minority Rights Group
MUC	manifestly unfounded claim
NCPG	National Contingency Planning Group
NDC	National Documentation Committee
NEMG	National Executive Management Group
NEPC	National Executive Planning Conference
NEPM	National Executive Planning Meeting
NIC	National Implementation Committee
NISC	National Information Systems Committee
N/L	non-lawyer
NLC	National Learning Committee
NLF	National Learning Framework
NLMCC	National Labour-Management Consultative Committee
NLP	National Learning Plan
NLSC	National Learning Steering Committee
NOSHC	National Occupational Safety and Health Committee
OSM	Operational Service Manager
OSS	Operational Systems Section
PCA	Priorities Coordination Agreement
PCAC	Post Claim Advisory Committee
PCIS	Position and Classification Information System
PDB	Professional Development Branch
PDC	Professional Development Committee
PDRCCC	post-determination refugee claimants in Canada class
PIF	Personal Information Form
PLC	Personal Learning Contract
PMIS	Personnel Management Information System
POE	port of entry
PPA	Public and Parliamentary Affairs Directorate
PPR or PPRB	Policy, Planning and Research Branch
PRAS	Planning, Reporting and Accountability Structure
PRAU	Products and Research Analysis Unit
PRC	Performance Review Committee
PRRA	pre-removal risk assessment
RAC	resettlement from abroad class
RC	Resource Centre
RCC	Refugee Claim Clerk
RCO	Refugee Claim Officer
RDIMS	Records, Documents and Information Management System
REC	Regional Executive Committee
RHO	Refugee Hearing Officer
RIM	Recorded Information Management Unit
RLC	Regional Learning Committee

RMC	Regional Management Committee
RPDC	Regional Professional Development Committee
RPP	Report on Plans and Priorities
R.S.C.	Revised Statutes of Canada
RTD	refugee travel document
SA	settlement arrangements
SAM	Standards, Analysis and Monitoring Directorate
SBI	Specialized Board of Inquiry
SCF	Standardized Country File
S.C.C.	Supreme Court of Canada
S.C.R.	Supreme Court Reports
SEN	Senior Executive Network
SIO	Senior Immigration Officer
SIRU	Specific Information Research Unit
SLA	Senior Legal Advisor
SMC	Senior Management Committee
SMT	Senior Management Team
STAR	System for Tracking Appeals and Refugee Claims
STS	Security Tracking System
TOPS	Tribunal Operations Committee
TPM	Tribunal Process Memorandum
TPS	Tribunal Processes and Systems
UNHCR	Office of the United Nations High Commissioner for Refugees
UNHCR	United Nations High Commissioner for Refugees

French - English Glossary

Lexique français - anglais

absence de minimum de fondement	no credible basis
absence temporaire	temporary absence
abusif ou arbitraire	perverse or capricious
accès à l'information et protection des renseignements personnels	Access to Information and Privacy
accueillir un appel; admettre un appel	allow an appeal, to
acheminement des dossiers	file flow
acte criminel	indictable offence
acte de naissance; extrait de naissance; certificat de naissance	birth certificate
action militaire	military action
action visant à un jugement déclaratoire	declaratory action
activité ne relevant pas directement du mandat de la Commission de l'immigration et du statut de réfugié	non-mandated activity
adjoint(e) à la gestion des cas	Case Management Assistant
adjoint(e) de direction (du président)	Executive Assistant (to the Chairperson)
adjoint(e) parajuridique	Paralegal Assistant
adjoint(e), Service de dépannage	Help Desk Assistant
admettre un appel; accueillir un appel	allow an appeal, to

administrer les preuves; **recueillir des témoignages;** **entendre la preuve**	**take evidence, to**
admissibilité (d'une personne); **recevabilité** (d'une preuve, d'une revendication)	**admissibility**
admission (au Canada)	**admission** (to Canada)
admission d'office	**notice of facts**
adopté; adoptif	**adopted**
adoption de convenance	**adoption of convenience**
affaire contestée; cas contesté	**contested case**
affaire décidée le (date); **décision rendue le (date)**	**decided (date)**
affecté à un cas donné	**attached to a particular case**
affidavit; attestation sous serment; déclaration sous serment	**affidavit**
affidavit de signification	**affidavit of service**
affirmation solennelle	**solemn affirmation**
affirmer solennellement; faire une affirmation solennelle	**affirm, to (solemnly)**
agent(e) chargé(e) de la revendication NOTA Nouveau titre de l' « agent d'audience » par suite de l'adoption du nouveau modèle d'examen des revendications du statut de réfugié en mars 1995.	**Refugee Claim Officer** NOTE New title for "Refugee Hearing Officer" following the adoption in March 1995 of a new inquiry model for the determination of refugee claims.

agent(e) d'audience
NOTA Titre figurant dans la *Loi sur l'immigration*, mais la Commission de l'immigration et du statut de réfugié utilise actuellement le titre d'« agent chargé de la revendication ».

Refugee Hearing Officer
NOTE This title appears in the *Immigration Act;* however, the Immigration and Refugee Board currently uses the title "Refugee Claim Officer".

agent(e) d'audience
(Citoyenneté et Immigration Canada)

Hearing Officer (Citizenship and Immigration Canada)

agent(e) d'immigration

Immigration Officer

agent(e) de gestion des cas

Case Management Officer

agent de persécution

agent of persecution

agent(e) de présentation des cas (Citoyenneté et Immigration Canada)
NOTA Anciennement « agent chargé de présenter les cas ».

Case Presenting Officer (Citizenship and Immigration Canada)

agent(e) de règlement des conflits

Dispute Resolution Officer

agent(e) des appels
(Citoyenneté et Immigration Canada)

Appeals Officer (Citizenship and Immigration Canada)

agent(e) des processus du tribunal

Tribunal Process Officer

agent(e) des visas

Visa Officer

agent(e) parajuridique

Paralegal Officer

agent(e) préposé(e) aux cas

Case Officer

agent(e) principal(e)

Senior Immigration Officer

agent(e) principal(e) de secours d'étage

Floor Emergency Warden

Ahmadis
NOTA On voit aussi la graphie
« Ahmadiyya ».

Ahmadis
NOTE Sometimes written as
"Ahmadiyya".

***Aider les mineurs non
accompagnés au sein des
communautés : une approche
fondée sur la famille***
NOTA Un document publié
par le Haut Commissariat des
Nations Unies pour les réfugiés.

***Working with Unaccompanied
Minors in the Community:
A Family-Based Approach***
NOTE A document published by
the Office of the United Nations
High Commissioner for
Refugees.

Ainsi Dieu me soit en aide
NOTA Formule utilisée pour
prêter serment retrouvée dans la
Loi sur le parlement.

So help me God
NOTE The swearing-in formula
as found in the *Parliament of
Canada Act*.

ajournement (d'une audience,
d'une enquête)

adjournment (of a hearing,
an inquiry)

ajournement péremptoire

peremptory adjournment

ajournement *sine die*

adjournment *sine die*

**amélioration d'un système;
mise à jour d'un système**
(sens plus général)**; mise à
niveau d'un système; mettre
un système à niveau**
(informatique)

upgrade a system, to

amendement (d'un projet de loi)**;
modification** (d'une loi)

amendment

amovible, à titre

pleasure, during

année-commissaire

member-year

annulation (de la
reconnaissance du statut de
réfugié au sens de la
Convention)

vacation (of a determination
that a person is a Convention
refugee)

annulé; infirmé; cassé

quashed

annulé; nul

void

annuler (la reconnaissance du statut de réfugié au sens de la Convention)

vacate, to (a determination that a person is a Convention refugee)

annuler une décision; infirmer une décision; casser une décision

reverse a decision, to; set aside a decision, to

antécédents en matière de respect des droits de la personne; antécédents relatifs aux droits de la personne

human rights record

antériorité des cas; les cas datent de (plus de six mois, par exemple)

age of caseload; age of cases pending

apatride

stateless person

apparence de partialité; apparence de parti pris (voir **crainte de partialité** ou **crainte raisonnable de partialité**)

appearance of bias (see **apprehension of bias** or **reasonable apprehension of bias**)

appel accueilli

appeal allowed; successful appeal

appel à régler; appel en instance

outstanding appeal

appel au fond; appel sur le fond

appeal on the merits

appel concernant une mesure de renvoi

removal appeal

appel d'une décision de non-admissibilité pour des raisons médicales; appel d'une décision de non-admissibilité pour des raisons d'ordre médical

medical inadmissibility appeal

appel d'une mesure de renvoi; appel relatif à une mesure de renvoi	removal order appeal
appel de l'immigration; appel en matière d'immigration	immigration appeal
appel devant la Cour d'appel fédérale	appeal to the Federal Court of Appeal
appel devant la Section d'appel	appeal to the Appeal Division
appel du rôle	roll call
appel en instance; appel à régler	outstanding appeal
appels en instance; cas en instance	pending caseload; pending inventory of cases; cases pending
appel en matière de parrainage; appel concernant une demande de parrainage; appel concernant une personne parrainée; appel interjeté par le répondant	sponsorship appeal
appel en matière d'immigration; appel de l'immigration	immigration appeal
appel finalisé	finalized appeal
appel interjeté	appeal filed
appels interjetés (Section d'appel de l'immigration); revendications reçues (Section du statut de réfugié); intrants (terme très général, rarement utilisé)	input (of appeals filed, claims referred)

appels interjetés (Section d'appel de l'immigration); **revendications reçues** (Section du statut de réfugié); **nouveaux arrivants, nombre de**	intake
appel réglé	completed appeal
appels réglés (Section d'appel de l'immigration); **revendications réglées** (Section du statut de réfugié); **extrants** (terme très général, rarement utilisé)	output
appel relatif à une mesure de renvoi; appel d'une mesure de renvoi	removal order appeal
appel remis	appeal postponed
appel sur le fond; appel au fond	appeal on the merits
appelant	appellant
appeler (d'une décision); **interjeter appel** (devant, à); **en appeler; porter en appel; former un appel; loger un appel**	appeal, to; file an appeal, to
appréciation de la preuve	weighing of evidence
arbitre	Adjudicator
arguments écrits, présenter des (voir **arguments oraux, présenter des**)	written submissions, to file (see **submissions, to make oral**)
argument fondé sur la Charte	Charter argument
arguments oraux, présenter des (voir **arguments écrits, présenter des**)	submissions, to make oral (see **written submissions, to file**)
arrêt clé; cas type	lead-case

arrêts examinés	cases considered
arrêts mentionnés	cases referred to
arriéré	backlog
arrivant non muni des documents voulus	improperly documented arrival
assermenter; faire prêter serment; interroger (une personne) sous serment	administer an oath, to; question (a person) under oath, to; swear in, to
assignation; assignation de témoin; citation; citation à comparaître	subpoena; summons
Association internationale des juges aux affaires des réfugiés	International Association of Refugee Law Judges
assouplissement des règles	relaxation of rules
assujetti au secret professionnel; secret professionnel (qui lie un avocat à son client); secret professionnel de l'avocat; privilège du secret professionnel de l'avocat	solicitor-client privilege
attaquer la crédibilité; discréditer (un témoin)	credibility (of a witness), to impeach
attentes en matière de rendement régional	regional performance expectations
attestation de danger pour le public	public danger certificate
attestation de sécurité	security certificate
attestation du(de la) ministre	certificate of the Minister

attestation sécuritaire; **autorisation sécuritaire;** **autorisation de sécurité**	security clearance
attestation sous serment; **déclaration sous serment;** **affidavit**	affidavit
attitude d'un juge	judicial temperament

Au-delà des chiffres :
 L'immigration de demain
 au Canada
 NOTA Rapport publié en 1997 par le Groupe consultatif pour la révision de la législation sur l'immigration.

Not Just Numbers: A Canadian
 Framework for Future Immigration
 NOTE Report published in 1997 by the Immigration Legislative Review Advisory Group.

au fond; sur le fond	merits, on the
au motif que; en raison de; **parce que; du fait de; en** **invoquant les moyens**	grounds that, on the
audience (processus global)**;** **audition** (d'une revendication, d'un appel, d'une enquête)	hearing
audience à huis clos	closed hearing; *in camera* hearing
audience collective; audience **conjointe**	joint hearing
audience contradictoire; **audience accusatoire**	adversarial hearing
audience d'annulation	vacation hearing
audience de justification	show cause hearing
audience de mise au rôle; mise **au rôle en présence des parties**	assignment court

audience de nature non contradictoire; audience de nature non accusatoire	non-adversarial hearing
audience de présélection	screening hearing
audience publique	public hearing
audience régulière	regular hearing
audience se déroulant à l'aide de moyens électroniques; utilisation de moyens électroniques dans le cadre des audiences	electronic hearing
audience sur la revendication; audience relative à la revendication; audition de la revendication	hearing into a claim
audience sur le défaut de comparaître	No Show Court
audience sur le désistement; audience relative au désistement	abandonment hearing
audience simulée	mock hearing
audience terminée	hearing completed
audition (d'une revendication, d'un appel, d'une enquête); audience (processus global)	hearing
audition anticipée (de la revendication, de l'appel)	early hearing
audition complète	full hearing
audition de l'appel	appeal hearing
audition *de novo;* nouvelle audition	*de novo* hearing; hearing *de novo*

audition équitable	fair hearing
audition fictive; tribunal fictif	moot court proceedings
auteur de la demande; demandeur (terme privilégié à Citoyenneté et Immigration Canada)**; requérant; intéressé**	applicant
authentique; de bonne foi; véritable	*bona fide*
autorisation d'appel; autorisation d'interjeter appel; autorisation d'en appeler; autorisation d'appeler; permission d'interjeter appel	leave to appeal
autorisation d'emploi; autorisation d'occuper un emploi	employment authorization
autorisation d'étude; autorisation d'étudier	student authorization
autorisation de séjour	entry
autorisation ministérielle; autorisation du(de la) ministre	consent of the Minister
autorisation sécuritaire; autorisation de sécurité; attestation sécuritaire	security clearance
autorisé de séjour; en situation administrative régulière; qui séjourne légalement au Canada	in-status
autre formation du tribunal; tribunal composé de membres différents; tribunal constitué d'autres membres; tribunal reconstitué	differently constituted panel
avis (donner)**; notification** (d'une décision)	notification

avis d'appel	notice of appeal
avis d'audience	notice of hearing
avis d'enquête	notice of inquiry
avis de convocation	notice to appear
avis de danger pour le public	"danger to the public" opinion
avis de décision	notice of decision
avis de pratique	practice notice
Avis de pratique sur le traitement des revendications présentées par des demandeurs non munis de documents ou non munis des documents voulus	*Processing of undocumented and improperly documented refugee claimants* (practice notice)
avis de requête	notice of motion
avis (de danger) du(de la) ministre	Minister's (danger) opinion
avis dissident; opinion dissidente; dissidence; opinion divergente; dissident (commissaire)	dissenting opinion
avocat(e)-conseil principal(e)	Senior Counsel
avocat(e) de service; conseil commis(e) d'office; avocat(e) commis(e) d'office	duty counsel
avocat(e) général(e) principal(e)	Senior General Counsel
avocat(e) ou autre conseil; procureur(e); conseil	counsel

avocat(e) spécialisé(e) en droit de l'immigration; avocat(e) spécialiste de l'immigration	**immigration lawyer**
avocats(es) spécialisés(ées) en droit de l'immigration; avocats(es) spécialistes de l'immigration	**immigration bar**
axé sur l'avenir; de nature prospective; tourné vers l'avenir (en parlant de la définition de réfugié au sens de la Convention)	**forward-looking** (in the context of the definition of Convention refugee)
ayant force exécutoire; contraignant; obligatoire	**binding**
ayant résidence légale	**lawfully residing**

barreau; profession d'avocat; milieu juridique, le; juristes, les	**legal profession**
Base de données des médias internationaux	**International Media Database**
bénéfice du doute	**benefit of the doubt**
bien-fondé (d'une revendication)	**merits** (of a claim)
bien tenir compte de la preuve; bien tenir compte des éléments de preuve; tenir compte de la preuve de façon appropriée; considérer les éléments de preuve de façon appropriée; tenir compte comme il se doit des éléments de preuve	**consider the evidence properly, to**
bonne conduite (de l'audience)	**proper conduct** (of the hearing)

bref de *certioriari*	**writ of** *certiorari*
bref de *mandamus*	**writ of** *mandamus*
bureau de district d'Ottawa-Atlantique NOTA Ce bureau a été créé en avril 1993. Il s'appelait alors le Bureau des opérations d'Ottawa et de l'Atlantique.	**Ottawa/Atlantic District Office** NOTE This office was created in April 1993. Before then, it was called "Ottawa Atlantic Operations".
bureau des appels (Citoyenneté et Immigration Canada)	**appeals office** (Citizenship and Immigration Canada)
Bureau des appels de l'Immigration (Citoyenneté et Immigration Canada)	**Immigration Appeals Office** (Citizenship and Immigration Canada)
Bureau régional du Haut Commissaire des Nations Unies pour les réfugiés	**Branch Office, United Nations High Commissioner for Refugees**

cadre; gestionnaire	**Manager**
cadres (pour désigner un groupe de gestionnaires)**; gestion** (la) (pour désigner l'activité de gérer)**; direction** (la)	**management**
Cahier d'information à l'intention des commissaires	*Briefing Book for Members*
cadre de gestion des cas	**case management framework**
calendrier; échéancier; programme; horaire (sens général)**; rôle** (contexte juridique) NOTA À éviter : cédule (anglicisme).	**schedule**

Calendrier journalier des audiences	**Daily Courtroom Report**
camp de réfugiés pouvant être réétablis; camp de réfugiés en voie de réétablissement; camp de réfugiés en voie de réinstallation	**resettlement camp**
Campagne de charité en milieu de travail du gouvernement du Canada	**Government of Canada Workplace Charity Campaign**
canal hiérarchique (sens administratif ou général)**; courant jurisprudentiel; tendance jurisprudentielle** (sens juridique)**; voie hiérarchique**	**line of authority**
capacité	**competency**
caractère substantiel	**materiality**
cas actif	**active case**
cas avec sursis; cas en sursis	**stayed case**
cas contesté; affaire contestée	**contested case**
cas déféré; revendication déférée (à la Section du statut de réfugié)	**referral** (to the Convention Refugee Determination Division)
cas d'espèce	**specific case**
cas d'une personne détenue	**detained case** NOTE Means "case of a person in detention".
cas de partage; décision partagée; différence d'opinion; dissidence	**split decision**

cas en instance; appels en instance	pending caseload; pending inventory of cases; cases pending
cas en sursis; cas avec sursis	stayed case
cas non contesté	conceded case
cas raisonnablement défendable	fairly arguable case
cas traité suivant le processus accéléré	expedited case
cas type; arrêt clé	lead-case
cas visé par les mesures transitoires; cas traité suivant les mesures transitoires	transitional case
cassé; annulé; infirmé	quashed
casser une décision; annuler une décision; infirmer une décision	reverse a decision, to; set aside a decision, to
catégorie de personnes (pouvant être) admises pour des raisons humanitaires	humanitarian class
catégorie des demandeurs non reconnus du statut de réfugié au Canada	post-determination refugee claimants in Canada class
catégorie des parents; catégorie de la famille	family class
catégorie des personnes de pays d'accueil (voir **personne de pays d'accueil**)	asylum country class (see **member of the country of asylum class**)
catégorie des personnes outre-frontières en voie de réinstallation	resettlement from abroad class

catégorie désignée	designated class
catégorie désignée d'exilés volontaires	self-exiled persons class
catégorie (de personnes) non admissible(s)	inadmissible class
cautionnement	security deposit
célérité	expeditiousness
celui qui entend l'affaire doit rendre la décision	he who hears must decide
Centre d'apprentissage	Learning Centre
Centre de documentation	Documentation Centre
Centre de ressources	Resource Centre
cérémonie de don et de prise en adoption; cérémonie du don et de l'acceptation	giving and taking ceremony (adoption)
certificat de naissance; acte de naissance; extrait de naissance	birth certificate
certificat d'état de cause	certificate of readiness
certifier	certify, to
champion(ne) (voir **champion(ne) des langues officielles**)	**Champion** (see **Official Languages Champion**)
champion(ne) des langues officielles NOTA Titre donné par le Secrétariat du Conseil du Trésor.	**Official Languages Champion** NOTE Treasury Board Secretariat title for the position.
changement dans la situation du(au) pays; changement des conditions dans le pays	change in country conditions

changement de circonstances	**change in circumstances**
changement de circonstances dans le pays d'origine	**change of circumstances in country of origin**
changement du lieu (de l'audience, de l'enquête ou de la conférence)	**change of venue** (of the hearing, inquiry or conference)
charge de la preuve; fardeau de la preuve	**burden of proof; onus of proof**
charge de travail; volume de(s) cas; nombre de cas	**caseload**
chari'a; charia; shari'a (la) NOTA Le Robert écrit « charia » et le Larousse « chari'a ».	**Chariah; Shari'a; Sharia**
chef de guerre	**warlord**
chef de section	**Division Head**
chef des secours en cas d'incendie	**Chief Fire Emergency Warden**
chef d'une équipe géographique; chef d'équipe géographique	**Geographic Team Leader**
chose jugée	*res judicata*
circonstance atténuante	**mitigating circumstance**
circonstances de l'espèce; circonstances de fait; faits en l'occurrence, les; circonstances particulières de l'espèce	**circumstances of the case**
citation; assignation; assignation de témoin; citation à comparaître	**subpoena; summons**
citoyen canadien	**Canadian citizen**

citoyen respectueux des lois	law-abiding citizen
Citoyenneté et Immigration Canada	**Citizenship and Immigration Canada**
Civils non combattants qui craignent d'être persécutés dans des situations de guerre civile (directives données par la présidente)	***Civilian Non-Combatants Fearing Persecution in Civil War Situations*** (Chairperson's guidelines)
clandestin; migrant non autorisé; migrant clandestin	**illegal migrant**
classe répertoriée	**scheduled class**
classer (un dossier, un document - sens général)**; produire; déposer** (un document comme preuve - sens juridique)	**file, to**
clauses d'exclusion	**exclusion clauses**
clause de cessation; clause relative à la perte du statut	**cessation clause**
Code criminel	***Criminal Code***
Code de conduite des interprètes	***Code of Conduct for Interpreters***
Code de déontologie des commissaires de la Commission de l'immigration et du statut de réfugié	***Code of Conduct for Members of the Immigration and Refugee Board of Canada***
code vestimentaire islamique	**Islamic dress code**
cohabiter	**cohabit, to**
cohérence dans la prise de décisions	**consistency in decision making**
collection de recherche nationale	**National Research Collection**

Comité conjoint de transition de carrière	Joint Career Transition Committee
Comité consultatif de révision des revendications refusées	Post Claim Advisory Committee
Comité consultatif ministériel	Ministerial Advisory Committee
Comité consultatif sur l'équité en matière d'emploi	Advisory Committee on Employment Equity
Comité consultatif sur le milieu de travail de demain	Advisory Committee on the Workforce of the Future
Comité consultatif sur les langues officielles	Official Languages Advisory Committee
Comité consultatif sur les pratiques et les procédures	Consultative Committee on Practices and Procedures
Comité d'examen des acquisitions et de passation de marchés	Contracting and Procurement Review Committee
Comité d'examen du rendement	Performance Review Committee
Comité de direction du président	Chairperson's Executive Committee
Comité de direction régional	Regional Executive Committee
Comité de gestion de l'information	Information Management Committee
Comité de gestion régional	Regional Management Committee
Comité de la haute direction	Senior Management Committee
Comité de planification et de budgétisation	Planning and Budgeting Committee

Comité de planification stratégique du système PeopleSoft	PeopleSoft Strategic Planning Committee
Comité de sélection des décisions	Selection Review Committee for Decisions
Comité des opérations du tribunal	Tribunal Operations Committee
Comité des politiques relatives aux audiences	Hearings Policy Committee
Comité des primes du président	Chairperson's Award Committee
Comité du perfectionnement professionnel	Professional Development Committee
Comité directeur national sur l'apprentissage	National Learning Steering Committee
Comité inter-églises pour les réfugiés	Inter-Church Committee for Refugees
Comité national de consultation patronal-syndical	National Labour-Management Consultative Committee
Comité national de mise en oeuvre	National Implementation Committee
Comité national de santé et de sécurité au travail	National Occupational Safety and Health Committee
Comité national de la documentation	National Documentation Committee
Comité national des politiques	National Policy Committee
Comité national des systèmes informatisés	National Information Systems Committee
Comité national du perfectionnement professionnel	National Professional Development Committee

Comité national sur l'apprentissage

National Learning Committee

Comité permanent de la citoyenneté et de l'immigration
NOTA Comité du Parlement.

Standing Committee on Citizenship and Immigration

Comité régional d'examen de normes nationales
NOTA Comité de la Section du statut de réfugié.

Regional National Standards Committee
NOTE A Convention Refugee Determination Division committee.

Comité régional de perfectionnement professionnel

Regional Professional Development Committee

Comité régional des audiences

Regional Hearings Committee

Comité régional sur l'apprentissage

Regional Learning Commitee

Comité sur les audiences

Hearings Committee

commis audiencier(ère)
(Section d'appel de l'immigration);
commis aux audiences

Court Clerk

commis chargé(e) de la revendication

Refugee Claim Clerk

commis préposé(e) aux cas
(Section du statut de réfugié)

Case Clerk (Convention Refugee Determination Division)

commissaire (de la Commission de l'immigration et du statut de réfugié)
NOTA Terme en usage à la Commission; la Loi utilise le terme « membre », mais les membres d'une commission sont des commissaires.

Member (Immigration and Refugee Board)

commissaire à la protection de la vie privée

Privacy Commissioner

commissaire coordonnateur(rice)
NOTA Même si la Loi et les *Règles de la SSR* parlent de « membre coordonnateur », le terme en usage à la Commission est « commissaire » et non « membre ».

Coordinating Member

commissaires saisis de l'affaire; tribunal
NOTA L'expression « formation du tribunal » est aussi utilisée par les tribunaux supérieurs.

panel

Commissariat à la protection de la vie privée

Office of the Privacy Commissioner

Commission
NOTA La Commission de l'immigration et du statut de réfugié.

Board
NOTE Means the Immigration and Refugee Board.

Commission d'appel de l'immigration
NOTA Organisme qui a précédé la Commission de l'immigration et du statut de réfugié.

Immigration Appeal Board
NOTE Former Board.

Commission d'enquête spécialisée

Specialized Board of Inquiry

Commission de la condition de la femme (Organisation des Nations Unies)

Commission on the Status of Women (United Nations)

Commission de l'immigration et du statut de réfugié

Immigration and Refugee Board

Commission des droits de l'homme (des Nations Unies)

Commission on Human Rights, United Nations

Commission du droit international	International Law Commission
Communauté des États indépendants	Commonwealth of Independent States
communication de la preuve; divulgation	disclosure
Communication et dépôt avant l'audience des éléments de preuve pertinents (avis de pratique)	*Disclosure and Filing before Hearings of Relevant Evidence* (practice notice)
communication interculturelle	cross-cultural communication
comparaître	appear, to
compatriote	co-national
compétence NOTA Lorsque le terme anglais « jurisdiction » désigne une entité géographique, il se rend entre autres par « État » et « territoire ».	jurisdiction
compétence discrétionnaire	discretionary jurisdiction
compétence en équité	equitable jurisdiction
compétence matérielle	substantive jurisdiction
complément d'information	file perfection
comportement en milieu de travail	conduct in the workplace
conclusions (tirées)	findings
conclusion de fait erronée	erroneous finding of fact
conclusion défavorable quant à la crédibilité	adverse credibility finding

conclusions écrites; mémoire; dossier (domaine juridique)	**brief** (legal context)
conclusion quant à la crédibilité	**credibility finding**
condamnation; déclaration de culpabilité	**conviction**
condamné; reconnu coupable; déclaré coupable	**convicted**
condamné par la communauté internationale	**condemned by the international community**
condamner; déclarer coupable; reconnaître coupable	**convict, to**
condensé de décision	**digested decision**
conditions	**terms and conditions**
conditions d'accueil; modalités d'accueil	**settlement arrangements**
conditions dans le(s) pays; situation dans le(s) pays en cause; situation qui règne dans le(s) pays visé(s)	**country conditions**
conférence	**conference**
Conférence nationale de planification de la haute direction	**National Executive Planning Conference**
conférence préliminaire	**preliminary conference**
conférence préparatoire (à l'audience)	**pre-hearing conference**
confidentialité	**confidentiality**
conflit d'intérêts	**conflict of interest**

connaissances spécialisées; spécialisation	specialized knowledge
connaître d'un appel	entertain an appeal, to
connaître les preuves à réfuter	know the case one has to meet, to
conscrit réfractaire; insoumis (au service militaire)	draft evader
conseil; avocat(e) ou autre conseil; procureur(e)	counsel
Conseil canadien de la documentation juridique	Canadian Law Information Council
Conseil canadien pour les réfugiés	Canadian Council for Refugees
conseil commis(e) d'office; avocat(e) commis(e) d'office; avocat(e) de service	duty counsel
Conseil des tribunaux administratifs canadiens	Canadian Council of Administrative Tribunals
conseil du(de la) ministre NOTA Expression utilisée par Citoyenneté et Immigration Canada pour désigner un « agent d'audience », un « agent des appels » ou un « agent de présentation des cas ».	Minister's counsel NOTE Referred to by Citizenship and Immigration Canada as "Hearing Officer", "Appeals Officer" or "Case Presenting Officer".
conseil inscrit au dossier	counsel of record
conseil non juriste; non-juriste (n.)	lay counsel; non-lawyer; non-legal counsel

conseiller(ère) en perfectionnement professionnel et en orientation des agents chargés de la revendication	Refugee Claim Officer Policy and Professional Development Advisor
conseiller(ère) juridique	legal advisor
conseiller(ère) juridique principal(e)	Senior Legal Advisor
conseiller(ère) spécial(e)	Special Advisor
consentement éclairé	informed consent
considérations humanitaires; raisons d'ordre humanitaire	compassionate or humanitarian considerations
considérer les éléments de preuve de façon appropriée; tenir compte comme il se doit des éléments de preuve; bien tenir compte de la preuve; bien tenir compte des éléments de preuve; tenir compte de la preuve de façon appropriée	consider the evidence properly, to
constitutionnel	constitutionally valid
contestation (d'une décision)	challenge (to a decision)
contestation fondée sur la Charte	Charter challenge
contraignabilité	compellability
contraignant; obligatoire; ayant force exécutoire	binding
contrat d'apprentissage personnel	Personal Learning Contract
contrat de services personnels d'interprétation	Personal Service Contract for Interpreters

contre-interrogatoire	**cross-examination**
contrevenir (à une loi); **enfreindre** (une loi); **violer** (une loi)	**breach, to**
contrevenir sciemment à (des conditions)	**knowingly contravene** (conditions)
contrôle; encadrement; suivi	**monitoring**
contrôle judiciaire	**judicial review**
contumace, par; *in absentia* (en l'absence de l'intéressé)	*in absentia* (in the absence of the person who is the subject of the proceedings)
Convention NOTA La *Convention des Nations Unies de 1951 relative au statut des réfugiés,* signée à Genève le 28 juillet 1951, et le Protocole signé à New York le 31 janvier 1967.	**Convention** NOTE The *1951 Convention relating to the Status of Refugees,* signed at Geneva on July 28, 1951 and the Protocol, signed at New York on January 31, 1967.
Convention contre la torture et autres peines ou traitements cruels, inhumains ou dégradants	*Convention Against Torture and Other Cruel, Inhuman or Degrading Treatment or Punishment*
Convention de 1951 relative au statut des réfugiés	*1951 Convention relating to the Status of Refugees*
Convention des Nations Unies relative aux droits civils et politiques	*Convention on Civil and Political Rights, United Nations*
Convention des Nations Unies sur le droit de la mer	*Convention on the Law of the Sea, United Nations*
Convention relative aux droits de l'enfant	*Convention on the Rights of the Child*
coram; présent(s) (voir **quorum**)	**coram** (see **quorum**)

Country Reports on Human Rights Practices NOTA Document publié par le département d'État des États-Unis.	*Country Reports on Human Rights Practices* NOTE Document published by the United States Department of State.
Cour d'appel	Court of Appeal
Cour d'appel fédérale	Federal Court of Appeal
cour d'archives	court of record
Cour fédérale	Federal Court
Cour fédérale (du Canada), Section de première instance	Federal Court (of Canada) — Trial Division
cour supérieure; instance révisionnelle	reviewing court
cour supérieure d'archives	superior court of record
Cour suprême du Canada	Supreme Court of Canada
courant jurisprudentiel; tendance jurisprudentielle (sens juridique); voie hiérarchique; canal hiérarchique (sens administratif ou général)	line of authority
crainte de partialité (voir crainte raisonnable de partialité ou apparence de partialité)	apprehension of bias (see reasonable apprehension of bias or appearance of bias)
crainte de persécution	fear of persecution
crainte fondée de persécution; craindre avec raison d'être persécuté	well-founded fear of persecution
crainte raisonnable de partialité (voir apparence de partialité ou crainte de partialité)	reasonable apprehension of bias (see appearance of bias or apprehension of bias)

crime contre l'humanité	crime against humanity
crime de droit commun	common crime; non-political crime; ordinary law crime
crime grave de droit commun	serious non-political crime
critère	test; criterion
critère de recevabilité	eligibility test
critères de sélection	selection criteria
critère du minimum de fondement	credible basis test
culture judicielle	juristic culture
curateur (au Québec seulement); tuteur	guardian

date de la signification	date of service
de bonne foi; authentique; véritable	bona fide
de nature prospective; tourné vers l'avenir; axé sur l'avenir (en parlant de la définition de réfugié au sens de la Convention)	forward-looking (in the context of the definition of Convention refugee)
De solides assises pour le 21ᵉ siècle – Nouvelles orientations pour la politique et la législation relatives aux immigrants et aux réfugiés NOTA Document de Citoyenneté et Immigration Canada publié le 6 janvier 1999.	*Building on a Strong Foundation for the 21st Century – New Directions for Immigration and Refugee Policy and Legislation* NOTE A document published by Citizenship and Immigration Canada on January 6, 1999.
décideur	decision-maker

décision	disposition
décision à caractère persuasif	persuasive decision
décisions cohérentes	consistent decisions
décision de justice; décision judiciaire	legal decision
décision défavorable	negative decision
décision défavorable rendue de vive voix	oral negative decision
décision définitive	final decision
décision éclairée	well-reasoned decision
décision en matière d'appel; décision sur l'appel; décision d'appel	appeal decision
décision favorable	positive decision
décision interlocutoire	interlocutory decision
décision judiciaire; décision de justice	legal decision
décision judicieuse; décision juste	sound decision
décision majoritaire	majority decision
décision mise en délibéré	reserved decision
décision novatrice	novel decision
décision partagée; différence d'opinion; dissidence; cas de partage	split decision
décision précitée	decision *supra*

décision rendue de vive voix; décision rendue à l'audience	bench decision; decision from the bench; oral decision
décision rendue en cabinet	decision rendered in chambers
décision rendue le (date); affaire décidée le (date)	decided (date)
décision rendue par écrit	written decision
déclaration	statement
déclaration de culpabilité; condamnation	conviction
déclaration de culpabilité par procédure sommaire	summary conviction
Déclaration de signification NOTA Formulaire de la Section d'appel de l'immigration.	Statement of Service NOTE An Immigration Appeal Division form.
déclaration inexacte, faire une; présentation erronée des faits; fausse indication (sur un fait important)	misrepresentation (of a material fact)
déclaration préliminaire; déclaration d'ouverture	opening statement
déclaration solennelle	statutory declaration
déclaration sous serment; affidavit; attestation sous serment	affidavit
Déclaration sur la qualité du service	Quality Service Declaration
déclaré coupable; condamné; reconnu coupable	convicted
déclarer coupable; reconnaître coupable; condamner	convict, to

déconsidérer l'administration de la justice; jeter le discrédit sur l'administration de la justice; faire tomber en discrédit l'administration de la justice	disrepute, to bring the administration of justice into
décorum	decorum
défaut de se conformer	failure to comply
défaut de se présenter (à l'audience, à l'enquête); défaut de comparaître	failure to appear; no show (at the hearing, the inquiry)
défection; désertion	desertion
déférer une revendication	refer a claim, to
délai	time limit
délai de traitement	processing time
délai moyen de traitement	average processing time
délégation de pouvoirs concernant les mesures touchant le personnel	delegation of authority for personnel actions
délivrance d'une assignation	issuance of summons
demande	application
demande d'accès du public	application for public access
demande d'ajournement	application for adjournment
demande d'annulation (de la reconnaissance du statut de réfugié au sens de la Convention)	application to vacate (Convention refugee status)
demande d'audience publique	application for public hearing

demande d'autorisation d'annuler la reconnaissance du statut de réfugié au sens de la Convention	application for leave to vacate a determination that a person is a Convention refugee
demande d'autorisation de présenter une demande de contrôle judiciaire	application for leave to commence an application for judicial review
demande d'établissement	application for landing
Demande d'information	Information Request
demande de contrôle judiciaire	application for judicial review
demande de remise	application for postponement
demande de résidence permanente	application for permanent residence
demande relative à la perte du statut de réfugié	application for determination of cessation of refugee status
demandeur(e); revendicateur(rice) NOTA Le terme « revendicateur » est privilégié à la Commission pour des raisons pratiques et logiques, notamment la féminisation.	claimant
demandeur (terme privilégié à Citoyenneté et Immigration Canada); requérant; intéressé; auteur de la demande	applicant
demandeur non reconnu du statut de réfugié au Canada	member of the post-determination refugee claimants in Canada class
démontrer le bien-fondé d'une revendication	establish a claim, to
départ volontaire	voluntary departure

déposer (un document comme preuve - sens juridique); **classer** (un dossier, un document - sens général); **produire**	**file, to**
déposer une demande; présenter une demande	**file an application, to**
déposition orale; témoignage de vive voix	**oral testimony**
déposition sur la foi d'autrui; simple ouï-dire; preuve par ouï-dire; témoignage constituant du ouï-dire	**hearsay evidence**
dépôt d'un document (domaine juridique)	**filing of a document** (legal context)
dépôt de l'appel; présentation de l'appel	**filing of the appeal**
Dépôt en temps opportun des Formulaires de renseignements personnels (avis de pratique)	*Timely Filing of Personal Information Forms* (practice notice)
dépôt tardif (d'un document)	**late filing** (of a document)
désertion; défection	**desertion**
désistement (d'une revendication)	**abandonment** (of a claim)
détention; garde	**detention**
détermination de la recevabilité (d'une revendication)	**eligibility determination**
détermination de la recevabilité sur la foi des renseignements fournis	*prima facie* **eligibility**
différence d'opinion; dissidence; cas de partage; décision partagée	**split decision**

différents modes de prestation des services	**Alternative Service Delivery**
difficultés excessives; préjudice indu	**hardship, undue**
directeur(rice) exécutif(ve) NOTA Même si au par. 64(2) de la Loi on parle de « directeur général », c'est le terme « directeur exécutif » qui est utilisé à la Commission.	**Executive Director**
directeur(rice) général(e)	**director general**
direction (la)**; cadres** (pour désigner un groupe de gestionnaires)**; gestion** (la) (pour désigner l'activité de gérer)	**management**
Direction de l'accès à l'information et de la protection des renseignements personnels	**Access to Information and Privacy Directorate**
Direction de la gestion intégrée NOTA Regroupement de la Direction des finances et de l'administration et de la Direction des systèmes informatisés.	**Corporate Management Directorate** NOTE Amalgamation of the Directorate of Finance and Administration and Information Systems.
Direction des affaires publiques et parlementaires	**Public and Parliamentary Affairs Directorate**
Direction des normes, de l'analyse et du suivi	**Standards, Analysis and Monitoring Directorate**
Direction des politiques et des procédures NOTA Relève de la Direction générale des politiques, de la planification et des recherches.	**Policy and Procedures Directorate** NOTE Part of the Policy, Planning and Research Branch.

Direction des recherches
NOTA Fait partie de la Direction générale des politiques, de la planification et des recherches.

Research Directorate
NOTE Part of the Policy, Planning and Research Branch.

Direction des ressources humaines

Human Resources Directorate

Direction des services de révision et de traduction
NOTA Anciennement appelée « Section de révision et de traduction ».

Editing and Translation Services Directorate
NOTE Formerly called "Editing and Translation Section".

Direction des services de secrétariat

Secretariat Services Directorate

Direction générale des services juridiques; Services juridiques (de la Commission de l'immigration et du statut de réfugié)

Legal Services (Branch)
(of the Immigration and Refugee Board)

Direction des systèmes informatisés

Information Systems Directorate

Direction générale des politiques de la planification et des recherches
NOTA Anciennement appelée « Opérations, politiques et planification » et « Direction générale de l'élaboration de politiques et des normes des programmes ».

Policy, Planning and Research Branch
NOTE Formerly called "Operations, Policy and Planning" and "Program Policy and Standards Development Branch".

Direction générale des services de gestion

Corporate Services Branch

Direction générale du perfectionnement professionnel
NOTA Anciennement appelée « Direction générale du perfectionnement professionnel des commissaires ».

Professional Development Branch
NOTE Formerly called "Members' Professional Development Branch".

Direction générale du secrétariat de la haute direction
NOTA Anciennement appelée « Secrétariat de la haute direction » et « Direction générale des communications et des services à la haute direction ».

Executive Secretariat Branch
NOTE Formerly called "Executive Secretariat Directorate" and "Communications and Executive Services Branch".

directives

guidelines

directive prévoyant la tenue d'une enquête

direction for inquiry

Directives sur la détention
(directives données par la présidente)

Guidelines on Detention
(Chairperson's guidelines)

discours-programme; discours liminaire

keynote address

discréditer (un témoin); **attaquer la crédibilité**

credibility (of a witness), **to impeach**

discrétion

discretion

discrimination ethnique

ethnic discrimination

discrimination sexuelle

gender discrimination

dispense (de l'application d'un règlement, par exemple); **exemption; exception**

exemption (from the application of a regulation, for example)

disposition concernant le principe de l'unanimité; disposition relative au principe de l'unanimité	unanimity provision
disposition transitoire (de la Loi); **mesure transitoire**	transitional provision
dissidence; cas de partage; décision partagée; différence d'opinion	split decision
dissidence; opinion divergente; dissident (commissaire); **avis dissident; opinion dissidente**	dissenting opinion
dissimulation (d'un fait important)	**concealment** (of any material fact)
divulgation; communication de la preuve	disclosure
documents à communiquer; documents à divulguer; documentation à communiquer; documentation à divulguer	disclosure package
document à diffusion restreinte	restricted document
document de fond; exposé	issue paper
document de voyage; titre de voyage	travel document
document de voyage du réfugié; titre de voyage du réfugié	refugee travel document
Documentation de fond (voir **Documentation de fond et Dossiers d'information sur les droits de la personne**) NOTA Souvent utilisé avec « Dossiers d'information sur les droits de la personne ».	**Contextual Package** (see **Contextual and Human Rights Packages**) NOTE Often used with "Human Rights Package".

Documentation de fond et Dossiers d'information sur les droits de la personne NOTA Remplacent les Dossiers de référence sur les pays.	**Contextual and Human Rights Packages** NOTE Replace Standardized Country Files.
dossier; conclusions écrites; mémoire (domaine juridique)	**brief** (legal context)
Dossiers d'information sur les droits de la personne (voir **Documentation de fond** et **Dossiers d'information sur les droits de la personne**) NOTA Souvent utilisé avec « Documentation de fond ».	**Human Rights Package** (see **Contextual** and **Human Rights Packages**) NOTE Often used with "Contextual Package".
Dossier de référence sur le pays	**Standardized Country File**
dossier de l'audience	**record of the hearing**
dossier de la procédure	**record of the proceedings**
Dossier sur des questions d'intérêt national	**National Issue Package**
dossier sur des sujets précis	**issue-specific package**
double nationalité	**dual nationality**
droit à la liberté et à la sécurité	**right to liberty and security**
droit à la vie	**right to life**
droit à un interprète	**right to an interpreter**
droit à une audience	**right to an oral hearing**
droit à une audition équitable	**right to a fair hearing**
droit au contrôle judiciaire	**right to judicial review**
droit au retour	**right to return**

droits civils et politiques	**civil and political rights**
droit criminel; droit pénal	**criminal law**
droit d'appel	**right of appeal**
droit d'établissement; établissement; droit de s'établir	**landing**
droit de demeurer (au Canada)	**right to remain** (in Canada)
droit de gagner sa vie; droit d'exercer un métier	**right to earn one's livelihood**
droit de quitter son pays	**right to leave one's country**
droits de la personne (Canada); **droits de l'homme** (Organisation des Nations Unies)	**human rights**
droit de se faire entendre	**right to be heard**
droit de se faire représenter par un avocat (ou **un conseil); droit à un conseil; droit à l'assistance d'un avocat**	**right to counsel**
droit des réfugiés	**refugee law**
droit étranger	**foreign law**
droits garantis (par(dans) une charte, une constitution)**; droits inscrits; droits prévus** (dans une charte, une constitution) NOTA À éviter : droits enchâssés.	**enshrined rights; entrenched rights**
droit international	**international law**
droit international des réfugiés	**international refugee law**
droit pénal; droit criminel	**criminal law**
droit réel	**substantive entitlement**

droit substantiel; droit positif; droit matériel NOTA Par opposition au droit de procédure.	**substantive law** NOTE As opposed to procedural law.
du fait de; en invoquant les moyens; au motif que; en raison de; parce que	**grounds that, on the**

échéancier; programme; horaire; calendrier (sens général)**; rôle** (contexte juridique) NOTA À éviter : cédule (anglicisme).	**schedule**
égalité devant la loi	**equality before the law**
élément de preuve; preuve	**evidence**
élément de preuve admissible	**admissible evidence**
élément de preuve de fond; élément de preuve au fond	**substantive evidence**
élément de preuve inutilement répétitif	**unduly repetitious evidence**
élément de preuve non pertinent	**irrelevant evidence**
éléments de preuve par commission rogatoire, recueillir des	**commission evidence, to take**
élément de preuve très préjudiciable	**highly prejudicial evidence**
élément objectif	**objective element**
élément subjectif	**subjective element**

en appeler; interjeter appel (devant, à); **appeler** (d'une décision); **porter en appel; former un appel; loger un appel**	appeal, to; file an appeal, to
en attente; en suspens; en **instance** (en parlant d'une revendication, d'un appel, d'une enquête); **pendant**	pending
en détention; sous garde	detention, in
en raison de; parce que; du fait de; en invoquant les moyens; au motif que	grounds that, on the
en situation administrative régulière; qui séjourne légalement au Canada; autorisé de séjour	in-status
encadrement; suivi; contrôle	monitoring
enfant à charge	dependent child
enfant réfugié	child refugee
enfant vulnérable; enfant à risque; enfant en péril	child-at-risk
enfreindre (une loi); **violer** (une loi); **contrevenir** (à une loi)	breach, to
engagement à l'appui d'une demande d'établissement	undertaking in support of an application for landing
engagement de parrainage	undertaking of sponsorship
énoncé des besoins	statement of requirements
enquête	inquiry
enquête collective; enquête conjointe	joint inquiry

Enquêtes de sécurité sur le personnel et cartes d'identité	Personnel Security Screening and ID Cards
enquête en matière d'immigration	immigration inquiry
enregistrement sur bande (magnétique)	tape recording
enrôlement forcé	forced conscription
entendre la preuve; administrer les preuves; recueillir des témoignages	take evidence, to
Entente cadre administrative	Administrative Framework Agreement
Entente sur l'échange de renseignements	Information Sharing Agreement
Entente sur la coordination des priorités	Priorities Coordination Agreement
ententes sur le rendement attendu des bureaux régionaux	regional expectation agreements
Entente sur les renseignements relatifs aux revendications des demandeurs du statut de réfugié	Agreement regarding Claim-Related Information from Refugee Claimants
entorse à la justice naturelle; manquement à la justice naturelle	breach of natural justice
entrave à l'exercice du pouvoir discrétionnaire	fettering of discretion
entrée clandestine; entrée illégale; introduction illégale (d'une personne au Canada)	illegal entry (of a person into Canada)
entrevue d'appel du rôle	roll call interview

entrevue tenue dans le cadre du processus accéléré	expedited interview
équipe de gestion des cas	Case Management Team
équipe de la haute direction	Senior Management Team
équipe géographique (voir **spécialiste de région géographique** ou **groupe de spécialistes de régions géographiques**)	Geographic Team (see **Geographic Specialist** or **regional specialization group**)
équité	fairness
équité procédurale	procedural fairness
équivalence	equivalency
erreur au dossier	error on the record
erreur donnant lieu à révision; erreur susceptible de révision; erreur révisable	reviewable error
établir le rôle; mettre au rôle; mettre sur le rôle (contexte juridique); fixer une date (p. ex., la date d'une réunion); établir un horaire; établir un programme	schedule, to
établissement; droit de s'établir; droit d'établissement	landing
établissement d'équivalences	equivalencing
établissement d'un modèle de fonctionnement	business modelling
établissement du rôle; mise au rôle	scheduling
état du droit se rapportant à la *Charte canadienne des droits et libertés*	state of the law relating to the *Canadian Charter of Rights and Freedoms*

éthique professionnelle	professional conduct
étranger clandestin; clandestin	illegal alien
Étude sur les pays	Country Review
Évaluation de la crédibilité lors des audiences de la Section du statut de réfugié	*Assessment of Credibility in the Context of CRDD Hearings*
évaluation du préjudice redouté	feared harm, to assess
évaluation du rendement des commissaires	member performance appraisal
Évaluation du rendement des commissaires : guide de l'évaluateur	*Member's Performance Appraisal: A Guide for Appraisers*
évaluation du risque avant le renvoi	pre-removal risk assessment
ex parte	*ex parte*
examen; interrogatoire	examination
examen d'accréditation (des interprètes)	accreditation test (for interpreters)
examen des motifs de (la) garde; examen des motifs de (la) détention; révision des motifs de (la) garde; révision des motifs de (la) détention	detention review
examen en cabinet	review in chambers
examen initial (d'une revendication) (voir **triage initial**)	screening (see **front-end tirage**)
examen pour des raisons d'ordre humanitaire	humanitarian and compassionate review

excision (voir **mutilation sexuelle des femmes**, **mutilation sexuelle** ou **infibulation**)	**excision** (see **female genital mutilation, genital mutilation** or **infibulation**)
exclusion, éléments de preuve relatifs à l'	**exclusion, evidence on**
exclusion temporaire	**temporary exclusion**
exécution extrajudiciaire	**extra-legal execution**
exemption; exception; dispense (de l'application d'un règlement, par exemple)	**exemption** (from the application of a regulation, for example)
exode; fuite massive	**exodus**
expert; témoin expert	**expert witness**
exposé; document de fond	**issue paper**
exposé conjoint des questions de droit et de fait; exposé des questions convenues de droit et de fait	**statement of agreed fact and law**
exposé de position privilégiée	**preferred position paper**
exposé des faits	**statement of the facts**
exposer des motifs; faire valoir des moyens; exposer les moyens; justifier	**show cause, to**
exposer sa cause	**case, to state one's**
extinction	**discontinuation**
extrait de naissance; certificat de naissance; acte de naissance	**birth certificate**

extrants (terme très général, rarement utilisé); **appels réglés** (Section d'appel de l'immigration); **revendications réglées** (Section du statut de réfugié)

output

fabrication de faux documents; falsification de documents

forgery

facteur d'aggravation des risques

aggravating risk factor

faire défection; fuir son pays

defect, to

faire l'examen initial (d'un cas, d'une revendication)

screen, to (a case, a claim)

faire prêter serment; interroger (une personne) sous serment; assermenter

administer an oath, to; question (a person) under oath, to; swear in, to

faire tenir une enquête; faire procéder à une enquête

cause an inquiry to be held, to

faire tomber en discrédit l'administration de la justice; déconsidérer l'administration de la justice; jeter le discrédit sur l'administration de la justice

disrepute, to bring the administration of justice into

faire une affirmation solennelle; affirmer solennellement

affirm, to (solemnly)

faire une déposition; témoigner; produire un témoignage; produire des preuves

evidence, to give

faire valoir des moyens; exposer les moyens; justifier; exposer des motifs

show cause, to

faire valoir une revendication; présenter une revendication	**advance a claim, to**
faits de l'espèce; faits en cause; faits de la cause	**facts of the case**
fait en litige	**fact in issue**
faits en l'occurrence, les; circonstances particulières de l'espèce; circonstances de fait; circonstances de l'espèce	**circumstances of the case**
faits généralement reconnus	**generally recognized facts**
fait important; fait substantiel	**material fact**
faits notoires (voir **faits particuliers**)	**generally known facts** (see **particular facts**)
faits particuliers (voir **faits notoires**)	**particular facts** (see **generally known facts**)
fait substantiel; fait important	**material fact**
falsification de documents; fabrication de faux documents	**forgery**
fardeau de la preuve; charge de la preuve	**burden of proof; onus of proof**
fausse déclaration	**false statement**
fausse indication (sur un fait important)**; déclaration inexacte, faire une; présentation erronée des faits**	**misrepresentation** (of a material fact)
faux documents	**false documentation; false documents**
faux revendicateur	**bogus claimant**
Fédération mondiale des associations pour les Nations Unies	**World Federation of United Nations Association**

femme réfugiée	**woman refugee**
fiche de publication (Services juridiques de la Commission de l'immigration et du statut de réfugié)	**indexing sheet** (Immigration and Refugee Board Legal Services)
Fiche de renseignements sur l'audience	**Hearing Information Sheet**
fixer une date (p. ex., la date d'une réunion); **établir le rôle; mettre au rôle; mettre sur le rôle** (contexte juridique); **établir un horaire; établir un programme**	**schedule, to**
Foire aux questions (domaine informatique)	**Frequently Asked Questions** (informatics)
fonctions d'enquêteur, de poursuivant et de juge	**investigative, prosecutorial and adjudicative functions**
fondé en droit	**correct in law**
fonds de documentation; fonds de renseignements; fonds documentaire	**holdings**
force persuasive	**persuasive value**
force probante de la preuve; valeur probante de la preuve	**weight of evidence**
formation automatisée	**computer-based training**
formation complémentaire des nouveaux commissaires	**follow-up training for new members**
formation de l'appel	**commencement of appeal**
former un appel; interjeter appel (devant, à); **en appeler; appeler** (d'une décision); **porter en appel; loger un appel**	**appeal, to; file an appeal, to**

Formulaire d'évaluation du rendement des commissaires	Member Performance Appraisal Form
formulaire d'examen initial NOTA Utilisé par l'agent chargé de la revendication.	**screening form** NOTE Used by the Refugee Claim Officer.
Formulaire d'obtention de renseignements	**Acquisition of Information Form**
Formulaire de renseignements personnels (voir **Formulaire de renseignements personnels pour demandeurs du statut de réfugié au sens de la Convention**)	**Personal Information Form** (see **Personal Information Form for People Claiming to be a Convention Refugee**)
Formulaire de renseignements personnels pour demandeurs du statut de réfugié au sens de la Convention	**Personal Information Form for People Claiming to be a Convention Refugee**
formule « type »	**boiler-plate**
franc-jeu	**fair play**
frappé (d'une mesure) d'expulsion	**ordered deported**
fuir son pays; faire défection	**defect, to**
fuite massive; exode	**exodus**

garantie de bonne exécution	performance bond
garde; détention	detention
Gazette du Canada	Canada Gazette
gens du milieu; groupes d'intérêt; intervenants; personnes concernées	stakeholders
gestion (la) (pour désigner l'activité de gérer); direction (la); cadres (pour désigner un groupe de gestionnaires)	management
gestion axée sur les compétences	competency-based management
gestion de l'infrastructure de la technologie de l'information	information technology insfrastructure management
gestion des cas	case management
gestionnaire; cadre	Manager
gestionnaire de cas	Case Manager
gestionnaire de district	District Manager
gestionnaire des services opérationnels	Operational Service Manager
gouverneur en conseil	Governor in Council
Greffe	Registrar's Unit; Registry
greffier(ère)	Registrar
greffier(ère) adjoint(e)	Deputy Registrar

Groupe consultatif pour la révision de la législation sur l'immigration	Immigration Legislative Review Advisory Group
groupes d'intérêt; intervenants; personnes concernées; gens du milieu	stakeholders
groupe de défense des réfugiés	refugee advocacy group
groupe de gestion des cas	Case Management Group
Groupe de planification nationale de contingence	National Contingency Planning Group
groupe de spécialistes de régions géographiques (voir **spécialiste de région géographique** ou **équipe géographique**)	regional specialization group (see **Geographic Specialist** or **Geographic Team**)
Groupe de travail conjoint CISR/CIC sur la création d'une agence de protection NOTA Proposition qui découle des travaux du Groupe consultatif pour la révision de la législation sur l'immigration.	Joint IRB/CIC Protection Agency Working Group NOTE A proposal resulting from the work of Immigration Legislative Review Advisory Group.
Groupe de travail conjoint CISR/CIC sur la révision de la législation	Joint IRB/CIC Working Group on Legislative Review
Groupe de travail de l'Association du Barreau canadien	Canadian Bar Association Task Force
Groupe de travail du modèle de fonctionnement	Business Model Working Group
groupe de travail sur la gestion des cas	Case Management Working Group

Groupe de travail sur le profil de compétences pour les RH	Working Group on the Competency Profile for the HR community
Groupe de travail sur les revendicatrices du statut de réfugié	Working Group on Women Refugees
groupe et niveau de titularisation	substantive group and level
groupe social	particular social group
Groupe spécial chargé des droits de l'homme (Organisation des Nations Unies)	**Human Rights Task Force** (United Nations)
groupe vulnérable	vulnerable group
Groupement pour les droits des minorités NOTA Organisme international.	**Minority Rights Group** NOTE International organization.
guérilla	guerilla warfare
guérilléros	guerillas
guerre civile	civil war
Guide d'utilisation des Règles de la section du statut de réfugié	*Guide to the Convention Refugee Determination Division Rules*
Guide de procédures de traitement des cas de la Section du statut de réfugié	*Convention Refugee Determination Division Case Processing Procedures Manual*
Guide de la Section du statut de réfugié	*Convention Refugee Determination Division Handbook*
Guide des études et des vérifications opérationnelles	*Guide for Operational Review and Audits*

Guide des interprètes	*Interpreter's Handbook*
Guide des procédures de la Section d'appel de l'immigration	*Immigration Appeal Division Procedures Manual*
Guide pour une demande d'établissement présentée au Canada – Réfugié au sens de la Convention	*Guide for Applying for Landing in Canada – Convention Refugees*

habeas corpus	*habeas corpus*
Haut Commissaire aux réfugiés; Haut Commissaire des Nations Unies pour les réfugiés	**United Nations High Commissioner for Refugees**
Haut Commissariat des Nations Unies pour les réfugiés	**Office of the United Nations High Commissioner for Refugees**
heure fixe; période déterminée (pour le début de l'enquête, de l'audience ou de l'examen des motifs de détention)	**firm slot**
horaire; calendrier; échéancier; programme (sens général)**; rôle** (contexte juridique) NOTA À éviter : cédule (anglicisme).	**schedule**
hors de tout doute raisonnable	**beyond a reasonable doubt**
hors du pays de nationalité	**outside the country of nationality**
Human Rights Watch NOTA Organisme dont le siège est à New York.	**Human Rights Watch** NOTE An organization whose headquarters is in New York.

immigrant admis; résident permanent
NOTA « Résident permanent » s'emploie de plus en plus à la place d'« immigrant ayant obtenu le droit d'établissement ».

landed immigrant; permanent resident; landed resident
NOTE "Permanent resident" is gradually replacing "landed immigrant".

immigrant véritable; immigrant authentique; immigrant de bonne foi; véritable immigrant

genuine immigrant

immigrant visé par une mesure de renvoi à exécution différée

member of the deferred removal orders class

immolation des épouses (ou jeunes mariées) par le feu (Inde) (voir **immolation par le feu en raison de la dot** ou **immolation des veuves par le feu**)

bride burning (India) (see **dowry burning** or **widow burning**)

immolation des veuves par le feu (Inde) (voir **immolation des épouses** (ou **jeunes mariées**) **par le feu** ou **immolation par le feu en raison de la dot**)

widow burning (India) (see **bride burning** or **dowry burning**)

immolation par le feu en raison de la dot (Inde) (voir **immolation des épouses** (ou **jeunes mariées**) **par le feu** ou **immolation des veuves par le feu**)

dowry burning (India) (see **bride burning** or **widow burning**)

***in absentia;* par contumace** (en l'absence de l'intéressé)

in absentia (in the absence of the person who is the subject of the proceedings)

inamovible, à titre

good behaviour, during

incapable

incompetent (person)

inclusion, éléments de preuve relatifs à l'	**inclusion, evidence on**
inconstitutionnel	**unconstitutional**
infibulation (voir **mutilation sexuelle des femmes, mutilation sexuelle** ou **excision**) NOTA Rite pratiqué dans certaines régions d'Afrique.	**infibulation** (see **female genital mutilation, genital mutilation** or **excision**) NOTE A rite practised in certain regions of Africa.
infirmé; cassé; annulé	**quashed**
infirmer une décision; casser une décision; annuler une décision	**reverse a decision, to; set aside a decision, to**
infocapsule	**media line**
information accessible au public	**non-exempted information**
information confidentielle; information non accessible au public	**exempted information**
infraction (à une règle, à une loi)**; manquement** (à la justice, au règlement, à la loi)**; violation** (de la loi)	**breach**
infraction commise à l'étranger	**foreign offence**
infraction criminelle; infraction pénale; infraction à la loi pénale	**criminal offence**
infraction punissable sur déclaration de culpabilité par procédure sommaire	**summary offence**
initiative, de leur propre (en parlant des commissaires)	**motion, on their own** (speaking of members)

insoumis (au service militaire); **conscrit réfractaire**	**draft evader**
insoumission (au service militaire)	**draft evasion**
instance révisionnelle; cour supérieure	**reviewing court**
instruction approfondie (de l'affaire)	**full and proper hearing**

Instructions concernant l'obtention et la divulgation de renseignements lors de procédures devant la Section du statut de réfugié

Instructions for the Acquisition and Disclosure of Information for Proceedings in the Refugee Division

instruction préliminaire
NOTA Ce premier palier d'audience a été supprimé par suite de l'entrée en vigueur du projet de loi C-86 modifiant la *Loi sur l'immigration.*

initial hearing; preliminary hearing
NOTE This first-level hearing was eliminated when the *Immigration Act* was amended by Bill C-86.

Instructions régissant les communications à l'extérieur de la salle d'audience entre les commissaires de la Section du statut de réfugié et les agents chargés de la revendication et entre les commissaires de la Section du statut de réfugié et d'autres employés de la Commission

Instructions Governing Extra-Hearing Communications between Members of the Refugee Division and Refugee Claim Officers and between Members of the Refugee Division and other Employees of the Board

instruction sur dossier	**paper hearing**
Instructions sur les améliorations apportées au processus	**Enhancement Instructions**
instruire l'affaire	**proceed to deal with the case, to**
instrument (juridique) international	**international (legal) instrument**

interdiction de publier	publication ban
intéressé; personne en cause	person concerned
intéressé; auteur de la demande; demandeur (terme privilégié à Citoyenneté et Immigration Canada); requérant	applicant
intérêt public; intérêt général	public interest
intérêt supérieur de l'enfant	best interests of the child
interjeter appel (devant, à); en appeler; appeler (d'une décision); porter en appel; former un appel; loger un appel	appeal, to; file an appeal, to
Internet des droits humains	Human Rights Internet
interprète	Interpreter
interrogatoire; examen	examination
interrogatoire principal	examination-in-chief
interrogatoire relatif à l'immigration; interrogatoire (de l'agent d'immigration)	immigration examination (by an Immigration Officer)
interrogatoire sous serment	examination under oath
interroger (une personne) sous serment; assermenter; faire prêter serment	administer an oath, to; question (a person) under oath, to; swear in, to
interruption de l'étude d'une revendication du statut de réfugié	termination of a refugee claim
intervenants; personnes concernées; gens du milieu; groupes d'intérêt	stakeholders

intervention ministérielle; intervention du(de la) ministre	Minister's intervention
intimé	respondent
intrants (terme très général, rarement utilisé); appels interjetés (Section d'appel de l'immigration); revendications reçues (Section du statut de réfugié)	input (of appeals filed, claims referred)
introduction illégale; entrée clandestine; entrée illégale (d'une personne au Canada)	illegal entry (of a person into Canada)

jeter le discrédit sur l'administration de la justice; faire tomber en discrédit l'administration de la justice; déconsidérer l'administration de la justice	disrepute, to bring the administration of justice into
jonction d'instances; réunion d'instances	joinder of cases
juges majoritaires, les; juges formant la majorité, les; motifs de la majorité, dans les; juge X a conclu au nom de la majorité, le	majority of the court, the
jugement d'adoption	adoption decree
jugement déclaratoire	declaratory judgment
jugement irrévocable	decree absolute
jugement sur consentement	consent judgment
jurimeeting; mise à jour de la jurisprudence	Jurisprudence Update; Legal Update

jurisprudence	case-law
jurisprudence en matière d'immigration	immigration case-law
jurisprudence en matière de réfugiés	jurisprudence relating to refugees
juristes, les; barreau; profession d'avocat; milieu juridique, le	legal profession
justesse; validité; bien-fondé; solidité	soundness (general sense)
justice fondamentale	fundamental justice
justice naturelle	natural justice
justifier; exposer des motifs; faire valoir des moyens; exposer les moyens	show cause, to

La jurisprudence sur la définition de réfugié au sens de la Convention
NOTA Document des Services juridiques mis à jour tous les ans.

Interpretation of the Convention Refugee Definition in the Case Law
NOTE A document by Legal Services that is updated once a year.

La rédaction des motifs à la SAI

Reasons Writing in the IAD

La tenue de nouvelles audiences sur ordonnance de la cour (politique de la Direction générale des politiques, de la planification et des recherchés)

Court-Ordered Rehearings (a Policy, Planning and Research Branch policy)

les cas datent de (plus de six mois, par exemple); **antériorité des cas**

age of caseload; age of cases pending

Les enfants qui revendiquent le statut de réfugié : Questions relatives à la preuve et à la procédure (directives données par la présidente)	***Child Refugee Claimants: Procedural and Evidentiary Issues*** (Chairperson's guidelines)
Les enfants réfugiés – Principes directeurs concernant la protection et l'assistance NOTA Un document publié par le Haut Commissariat des Nations Unies pour les réfugiés.	***Refugee Children – Guidelines on Protection and Care*** NOTE A document published by the Office of the United Nations High Commissioner for Refugees.
laboratoire judiciaire de la Gendarmerie royale du Canada	**Royal Canadian Mounted Police Forensics Laboratory**
lettre d'avis de droit d'appel	**notification of appeal rights letter**
lettre de divulgation	**disclosure letter**
LexChange NOTA Bulletin sur la gestion des cas publié par le bureau de Toronto de la Commission.	**LexChange** NOTE A case management bulletin published by the Toronto office of the Board.
liberté d'expression	**freedom of speech; freedom of expression**
liberté d'association	**freedom of association**
liberté de conscience	**freedom of conscience**
liberté de mouvement	**freedom of movement**
liberté de religion; liberté de culte	**freedom of religion**
liberté de réunion	**freedom of assembly**
libertés fondamentales	**fundamental freedoms**
lié, être	**bound by, to be**

loger un appel; interjeter appel (devant, à)**; en appeler; appeler** (d'une décision)**; porter en appel; former un appel**

appeal, to; file an appeal, to

Loi
NOTA La *Loi sur l'immigration.*

Act
NOTE Means the *Immigration Act.*

loi d'application générale

law of general application

Lois révisées du Canada – 1985
NOTA Anciennement appelées « Statuts révisés du Canada – 1970 ».

Revised Statutes of Canada 1985

Loi sur l'immigration

Immigration Act

Loi sur l'immigration de 1976

Immigration Act, 1976

Loi sur la citoyenneté

Citizenship Act

Loi sur la Cour fédérale

Federal Court Act

Loi sur la protection des renseignements personnels

Privacy Act

loi sur le retour (Israël)

law of return (Israel)

maintien de l'ordre; ordre public; respect de la loi et maintien de l'ordre	law and order
mandat	warrant
mandat d'arrestation; mandat d'arrêt	warrant of arrest
mandataire	agent
mandater un conseil	instruct counsel, to
manque de crédibilité	lack of credibility
manquement (à la justice, au règlement, à la loi); violation (de la loi); infraction (à une règle, à une loi)	breach
manquement à la justice naturelle; entorse à la justice naturelle	breach of natural justice
Manuel de procédures de traitement des cas (Section du statut de réfugié)	*Case Processing Procedures Manual* (Convention Refugee Determinatin Division)
mariage de convenance; mariage d'intérêt	marriage of convenience
médecin agréé	Medical Officer
mémoire; dossier; conclusions écrites (domaine juridique)	brief (legal context)
menace à la sécurité (de l'État)	security threat
mesure d'exclusion	exclusion order
mesure d'expulsion	deportation order

mesure d'expulsion conditionnelle	conditional deportation order
mesure d'interdiction de séjour	departure order
mesure d'interdiction de séjour conditionnelle	conditional departure order
mesure de protection	safeguard
mesure de renvoi	removal order
mesure de renvoi conditionnel	conditional removal order
mesure du possible, dans la	wherever practicable
mesure spéciale; redressement spécial	special relief
mesure transitoire; disposition transitoire (de la Loi)	transitional provision
méthode de prise de contrôle	take-charge approach
mettre au rôle; mettre sur le rôle; établir le rôle (contexte juridique); fixer une date (p. ex., la date d'une réunion); établir un horaire; établir un programme	schedule, to
mettre un système à niveau; mise à niveau d'un système (informatique); amélioration d'un système; mise à jour d'un système (sens plus général)	upgrade a system, to
mettre une cause au (sur le) rôle	schedule a case, to

mettre sur le rôle; établir le rôle; mettre au rôle (contexte juridique); **fixer une date** (p. ex., la date d'une réunion); **établir un horaire; établir un programme**	**schedule, to**
migrant clandestin indésirable	**non-invited migrant**
migrant économique	**economic migrant**
migrant non autorisé; migrant clandestin; clandestin	**illegal migrant**
migration de retour	**return migration**
milieu juridique, le; juristes, les; barreau; profession d'avocat	**legal profession**
mineur	**minor**
mineur non accompagné	**unaccompanied minor**
minimum de fondement	**credible basis**
ministre NOTA Ministre de la Citoyenneté et de l'Immigration du Canada.	**Minister** NOTE Minister of Citizenship and Immigration Canada.
mise à jour d'un système; amélioration d'un système (sens plus général); **mise à niveau d'un système; mettre un système à niveau** (informatique)	**upgrade a system, to**
mise à jour de la jurisprudence; jurimeeting	**Jurisprudence Update; Legal Update**
mise au rôle; établissement du rôle	**scheduling**
mise au rôle des audiences	**hearings schedule**

Mise au rôle des auditions des appels (avis de pratique)	*Scheduling of Appeal Hearings* (practice notice)
mise au rôle en présence des parties; audience de mise au rôle	assignment court
mise en liberté	release
modalités d'accueil; conditions d'accueil	settlement arrangements
mode alternatif de règlement des conflits	Alternative Dispute Resolution
modification (d'une loi); amendement (d'un projet de loi)	amendment
motifs (de décision)	reasons (for decision)
motifs concordants; motifs concourants NOTA L'expression « motifs concordants » est privilégiée par la Cour suprême.	concurring reasons
motifs de décision défavorable donnés de vive voix	oral negative reasons
motifs de dissidence; motifs dissidents	dissenting reasons
motifs de la majorité, dans les; juge X a conclu au nom de la majorité, le; juges majoritaires, les; juges formant la majorité, les	majority of the court, the
motifs dissidents; motifs de dissidence	dissenting reasons

motifs donnés à l'audience; motifs (de décision) donnés de vive voix; prononcé à l'audience des motifs de décision	oral reasons for decision; bench reasons for decision
motifs écrits; motifs donnés par écrit	written reasons
motifs (de décision) épurés	sanitized reasons
motifs non rédigés; motifs en suspens; motifs en retard	outstanding reasons
motif valable	substantive ground
mouvement de réfugiés	refugee movement
moyens frauduleux ou irréguliers (voir **moyens irréguliers**)	fraudulent or improper means (see **improper means**)
moyens irréguliers (voir **moyens frauduleux ou irréguliers**)	improper means (see **fraudulent or improper means**)
mutilation sexuelle (voir **mutilation sexuelle des femmes, excision** ou **infibulation**)	genital mutilation (see **female genital mutilation, excision** or **infibulation**)
mutilation sexuelle des femmes (voir **mutilation sexuelle, excision** ou **infibulation**) NOTA Qui comprend le rite de l'excision et parfois de l'infibulation. On voit aussi « mutilation génitale féminine ».	female genital mutilation (see **genital mutilation, excision** or **infibulation**) NOTE Includes the rite of excision and sometimes infibulation.

nationalité multiple	multiple nationality
nature des audiences; type d'audience	hearings model
nettoyage ethnique; purification ethnique	ethnic cleansing
niveau de productivité	output level
nombre de cas; charge de travail; volume de(s) cas	caseload
nombre net de revendications reçues (Section du statut de réfugié)	net intake (of claims) (Convention Refugee Determining Division)
nommé à titre inamovible, être	hold office during good behaviour, to
non-admissibilité (d'une personne); non-recevabilité (d'une preuve, d'une revendication)	inadmissibility
non-admissibilité pour des raisons médicales; non-admissibilité pour des raisons d'ordre médical	medical inadmissibility
non-immigrant	non-immigrant
non-juriste (n.); conseil non juriste	lay counsel; non-lawyer; non-legal counsel
non-recevabilité (d'une preuve, d'une revendication); non-admissibilité (d'une personne)	inadmissibility
non-résident permanent	non-permanent resident; person who is not a permanent resident

norme civile de preuve (voir **norme criminelle de preuve**)	**civil standard of proof** (see **criminal standard of proof**)
norme criminelle de preuve (voir **norme civile de preuve**)	**criminal standard of proof** (see **civil standard of proof**)
norme d'interprétation	**standard of interpretation**
norme de preuve NOTA N'égale pas « degré de preuve ».	**standard of proof**
note d'information; note documentaire	**briefing note**
note de procédure	**Tribunal Process Memorandum**
notes prises au point d'entrée	**port-of-entry notes**
notification (d'une décision); **avis** (donner)	**notification**
nouveaux arrivants, nombre de; revendications reçues (Section du statut de réfugié)**; appels interjetés** (Section d'appel de l'immigration)	**intake**
nouvel examen; réexamen (d'une décision)	**reconsideration** (of a decision)
nouvel interrogatoire; réinterrogatoire	**re-examination**
nouvelle audience; nouvelle audition	**rehearing**
nouvelle audience sur ordonnance de la Cour	**rehearing following court order**
nouvelle audition; audition *de novo*	*de novo* **hearing;** **hearing** *de novo*

nouvelle détermination de la recevabilité par un agent d'immigration

redetermination of eligibility by an Immigration Officer

nul; annulé

void

 o

obiter dictum; opinion incidente; remarque incidente

obiter comment; *obiter dictum*

objecteur de conscience

conscientious objector

Objectifs de rendement et priorités globales

Corporate Priorities and Performance Targets

objection de conscience

conscientious objection

objet de l'enquête

subject of the inquiry

obligation absolue d'être sincère

positive duty of candour

obligation de franchise (envers la Cour)

duty of candour, to owe a (to the Court)

obligation prévue par la loi

statutory duty

obligatoire; ayant force exécutoire; contraignant

binding

Observation
NOTA Série de documents préparés par les Services juridiques.

Commentary
NOTE Series of documents prepared by Legal Services.

observations, présenter des (voir **observations écrites, présenterdes** ou **observations, présenter par écrit des**)

representations, to make (see **written representations, to file**)

observations écrites, présenter des; observations, présenter par écrit des (voir **observations, présenter des**)	written representations, to file (see **representations, to make**)
Observation sur les demandeurs non munis de documents ou non munis des documents voulus : Appréciation de la preuve/Amélioration des procédures	*Undocumented and Improperly Documented Claimants: Assessing the evidence/Enhancing procedures* (commentary)
opinion divergente; dissident (commissaire); **avis dissident;** opinion dissidente; dissidence	dissenting opinion
opinion incidente; remarque incidente; *obiter dictum*	*obiter* comment; *obiter dictum*
opinions politiques	political opinion
opinions politiques présumées; opinions politiques imputées	perceived political opinion
opinions politiques publiquement exprimées; opinions politiques professées	publicly declared political opinion
ordonnance de réouverture (d'une audience, d'une enquête)	order to reopen (a hearing, an inquiry)
ordonnance de tutelle	guardianship order
ordonnance de la cour; ordonnance du tribunal	court order
ordonnance sur consentement	consent order
ordre public; respect de la loi et maintien de l'ordre; maintien de l'ordre	law and order
organisme décisionnel; organisme décisionnaire	decision-making body

orienter vers le processus accéléré	stream into expedited process, to
outrage au tribunal	contempt of court
outrage direct	direct contempt
outrage indirect	indirect contempt

Pacte international relatif aux droits civils et politiques	*International Covenant on Civil and Political Rights*
parce que; du fait de; en invoquant les moyens; au motif que; en raison de	grounds that, on the
parent; personne appartenant à la catégorie de la famille	member of the family class; family class member
parent adoptif	adoptive parent
parent aidé	assisted relative
parrain; répondant	sponsor
parrainage	sponsorship
parrainage par des groupes répondants	group sponsorship
partenaire de portefeuille; partage le même portefeuille, qui (Citoyenneté et Immigration Canada)	**portfolio partner** (Citizenship and Immigration Canada)
partialité	bias
partie	party
partie ayant un intérêt opposé à celui du revendicateur, qualité de	**party adverse in interest to the claimant, standing of**

partie non concernée (par l'audience, par l'enquête); **tiers**	**non-party** (with respect to the hearing, the inquiry)
passage clandestin de la frontière	**border jumping**
passage de clandestins	**smuggling**
passeur de clandestins	**smuggler**
pays d'accueil; pays hôte	**host country; receiving country**
pays d'origine; pays de naissance	**country of origin**
pays de citoyenneté prétendu	**alleged country of citizenship**
pays de dernière résidence permanente NOTA À éviter : dernier pays de résidence permanente.	**country of last permanent residence**
pays de référence	**country of reference**
pays de résidence habituelle antérieure	**country of former habitual residence**
pays désigné	**prescribed country**
pays où l'intéressé aurait été persécuté; pays où l'intéressé dit avoir été persécuté; pays de la persécution prétendue	**country of alleged persecution**
pays source de réfugiés	**refugee-producing country; source country**
pendant; en attente; en suspens; en instance (en parlant d'une revendication, d'un appel, d'une enquête)	**pending**
période de délibéré	**period of deliberation**

période déterminée; heure fixe (pour le début de l'enquête, de l'audience ou de l'examen des motifs de détention)	**firm slot**
période prévue pour l'audience	**hearing slot**
permis	**permit**
permis de retour pour résident permanent	**returning resident permit**
permis ministériel	**Minister's permit**
permission d'interjeter appel; autorisation d'appel; autorisation d'interjeter appel; autorisation d'en appeler; autorisation d'appeler	**leave to appeal**
persécution d'un groupe	**group persecution**
persécution d'un groupe social	**social group persecution**
persécution d'un membre de la famille	**persecution of a family member**
persécution du fait de la nationalité	**persecution for nationality**
persécution du fait de la religion	**persecution for religion**
persécution du fait des opinions politiques	**persecution for political opinion**
persécution ethnique	**ethnic persecution**
persécution fondée sur le sexe; persécution fondée sur des motifs liés au sexe	**gender-related persecution**
persécution fondée sur les croyances religieuses	**religious persecution**

persécution raciale; persécution fondée sur la race	racial persecution
personne à charge	dependant
personne à charge qui accompagne le demandeur principal; personne à charge qui accompagne le requérant principal	accompanying dependant of principal applicant
personne à qui le statut de réfugié au sens de la Convention a été reconnu; personne reconnue comme réfugié au sens de la Convention; réfugié au sens de la Convention reconnu comme tel	person who is determined to be a Convention refugee
personne appartenant à la catégorie de la famille; parent	member of the family class; family class member
personnes concernées; gens du milieu; groupes d'intérêt; intervenants	stakeholders
personne de pays d'accueil (voir catégorie des personnes de pays d'accueil)	member of the country of asylum class (see asylum country class)
personne de pays source	member of the source country class
personne déplacée	displaced person
personne en cause; intéressé	person concerned
personne nommée par décret	Governor-in-Council appointee
personne non admissible	inadmissible person

personne pouvant être renvoyée (du Canada); **personne pouvant faire l'objet d'une mesure de renvoi**	**removable person** NOTE Means "a person who may be removed" from Canada; a person subject to a removal order.
personne relevant de la compétence du Haut Commissariat des Nations Unies pour les réfugiés	**person of concern to the Office of the United Nations High Commissioner for Refugees**
personne traversant clandestinement la frontière	**border jumper**
pièce	**exhibit**
pièce d'identité du réfugié	**refugee identity document**
plage (mise au rôle)	**slot** (scheduling)
Plan d'activités	**Business Plan**
Plan d'évacuation d'urgence	*Emergency Evacuation Plan*
Plan national d'apprentissage	**National Learning Plan**
Planification, politique et sécurité de la technologie de l'information	**Information Technology Planning, Policy and Security**
point d'entrée	**port of entry**
Politique de révision des motifs	*Reasons Review Policy*
politique de l'enfant unique (Chine)	**one-child policy** (China)
Politiques et contrôle NOTA Relève de la Direction de la gestion intégrée.	**Policy and Monitoring** NOTE Part of the Corporate Management Directorate.
Politique sur la rédaction des motifs de décisions favorables	*Policy on Written Reasons for Positive Decisions*

porter en appel; interjeter appel (devant, à)**; en appeler; appeler** décision)**; former un appel; loger un appel**	**appeal, to; file an appeal, to**
possibilité de refuge intérieur	**internal flight alternative**
possibilité de se faire entendre	**opportunity to be heard**
possibilité raisonnable (d'être persécuté)	**reasonable chance** (of persecution)
possibilité sérieuse (d'être persécuté)	**serious possibility** (of persecution)
pourcentage des cas traités en accéléré	**expedited rate**
poursuite; procès; poursuites judiciaires	**prosecution**
poursuites comme motif justifiant la crainte d'être persécuté	**prosecution as the basis of a well-founded fear of persecution**
poursuites judiciaires; poursuite; procès	**prosecution**
pratique privilégiée	**preferred practice**
pratique religieuse	**religious practice**
précédent d'application obligatoire; précédent faisant autorité	**binding precedent**
préjudice indu; difficultés excessives	**hardship, undue**
premier(ère) dirigeant(e)	**Chief Executive Officer**
premier pays d'asile	**country of first asylum; first asylum country**
prépondérance des probabilités	**balance of probabilities**

préposé(e) à l'audience de mise au rôle	**Assignment Court Officer**
préposé(e) à l'enregistrement	**Check-in Officer**
préposé(e) à la mise au rôle	**Scheduler**
préposé(e) adjoint(e) (au(à la) commis préposé(e) aux cas)	**Bench Assistant** (to Case Clerk)
présent(s); coram (voir **quorum**)	**coram** (see **quorum**)
Présentation d'observations lors des audiences (avis de pratique)	*Representations at Hearings* (practice notice)
présentation de l'appel; dépôt de l'appel	**filing of the appeal**
présentation erronée des faits; fausse indication (sur un fait important)**; déclaration inexacte, faire une**	**misrepresentation** (of a material fact)
présenter son exposé des faits; présenter son cas; présenter sa preuve	**case, to present a**
présenter une défense pleine et entière	**full answer and defence, to make a**
présenter une demande; déposer une demande	**file an application, to**
présenter une revendication; faire valoir une revendication	**advance a claim, to**
président(e)	**Chairperson**
président de l'audience	**presiding member**
présomption	**presumption**
présomption réfutable	**rebuttable presumption**

pression découlant de la charge de travail	workload pressure
présumé être réfugié	*prima facie* refugee
prêt à entendre l'affaire (en parlant du tribunal); prêt à présenter des arguments (en parlant des avocats)	proceed, ready to
preuve; élément de preuve	evidence
preuve circonstancielle; preuve par présomption; preuve tirée d'indices; preuve déduite d'indices; preuve indirecte	circumstantial evidence; indirect evidence
preuve d'expert	expert evidence
preuve d'ordre médical	medical evidence
preuve de moralité	character evidence
preuve de la signification	proof of service
preuve du lien de parenté	proof of relationship
preuve directe	direct evidence
preuve documentaire	documentary evidence
preuve fondée sur un avis; témoignage d'opinion	opinion evidence
preuve intéressée	self-serving evidence
preuve manifeste	clear evidence
preuve orale; témoignage de vive voix	oral evidence

preuve par ouï-dire; témoignage constituant du ouï-dire; déposition sur la foi d'autrui; simple ouï-dire	hearsay evidence
preuve péremptoire; preuve contraignante	compelling evidence
preuve pertinente	relevant evidence
preuve *prima facie*	*prima facie* evidence
preuve primaire d'un document	primary evidence of a document
preuve secondaire d'un document	secondary evidence of a document
primauté du droit; suprématie du droit; souveraineté du droit	rule of law
prime au mérite	Merit Award
principes de justice fondamentale	principles of fundamental justice
principe de non-refoulement	non-refoulement (principle of)
principe directeur	guiding principle
privilège du secret professionnel de l'avocat; assujetti au secret professionnel; secret professionnel (qui lie un avocat à son client); secret professionnel de l'avocat	solicitor-client privilege
procéder à l'audition de l'affaire	proceed to hear the case, to
procédure contradictoire; procédure accusatoire	adversarial proceeding

procédure d'audience; procédure en salle d'audience	hearing room procedure
procédure d'enquête	inquisitorial proceedings
procédure de type non contradictoire; procédure de type non accusatoire	non-adversarial proceeding
procédure en salle d'audience; procédure d'audience	hearing room procedure
procès; poursuites judiciaires; poursuite	prosecution
processus accéléré	expedited process
processus accéléré d'audience	expedited hearing process
processus concernant les immigrants et les réfugiés	immigration and refugee system
processus d'audience	hearing process
processus d'examen accéléré des revendications	expedited claims process
processus de détermination du statut de réfugié; système de détermination du statut de réfugié	refugee status determination process
processus de détermination du statut de réfugié au sens de la Convention	Convention refugee determination process
Processus de reconnaissance du statut de réfugié – Guide à l'intention du demandeur	*Refugee Determination Process – Claimant's Guide*
Processus et systèmes du tribunal NOTA Relève de la Direction générale des politiques, de la planification et des recherches.	**Tribunal Processes and Systems** NOTE Part of the Policy, Planning and Research Branch.

procureur(e); conseil; avocat(e) ou autre conseil	counsel
production d'un document	production of a document
produire; déposer (un document comme preuve - sens juridique); classer (un dossier, un document - sens général)	file, to
produire un témoignage; produire des preuves; faire une déposition; témoigner	evidence, to give
profession d'avocat; milieu juridique, le; juristes, les; barreau	legal profession
profil des personnes à risque	profile of persons at risk
programme; horaire; calendrier; échéancier (sens général); rôle (contexte juridique) NOTA À éviter : cédule (anglicisme).	schedule
Programme cours et affectations de perfectionnement	Career Assignment Program
Programme d'examen du rendement	Performance Review Program
programme de formation générale	corporate (training) program
Programme de gestion du rendement du groupe de la direction	Performance Management Program for Exs
Programme de leadership de collaboration	Collaborative Leadership Program
Programme de sensibilisation du public	Outreach Program

programme de soutien personnalisé	Coaching Program
programme en faveur des réfugiés indochinois	Indochinese Refugee Program
Programme fédéral d'expérience de travail étudiant	Federal Student Work Experience Program
Programme national d'apprentissage	National Learning Framework
Programme national de formation	Central Training Program
Programme prioritaire d'apprentissage	Core Learning Framework; Core Learning Program
projet de mise au rôle dans un délai fixe	Just-in-Time Scheduling Project
prononcé à l'audience des motifs de décision; motifs donnés à l'audience; motifs (de décision) donnés de vive voix	oral reasons for decision; bench reasons for decision
proportion d'audiences	ratio of hearings
propre à un cas; se rapportant à un cas particulier	case-specific
protection ailleurs	protection elsewhere
protection juridique	legal protection
Protocole d'accord NOTA Dans le Contrat de services personnels d'interprétation.	**Articles of Agreement** NOTE In the Personal Service Contract for Interpreters.
Protocole de 1967 relatif au statut des réfugiés	*1967 Protocol relating to the Status of Refugees*

Protocole relatif au traitement des appelants non représentés devant la Section d'appel

Protocol for Dealing with Unrepresented Appellants at the Appeal Division

Protocole relatif aux questions concernant la conduite des commissaires

Protocol Addressing Member Conduct Issues

purification ethnique; nettoyage ethnique

ethnic cleansing

quasi judiciaire (en parlant d'un tribunal ou de ses fonctions)

quasi-judicial (with respect to a tribunal or its functions)

quasi-réfugié

refugee-like situation, person in a

question à examiner

issue

question de droit

question of law

question de fait

question of fact

question de fond

substantive issue

question grave de portée générale

serious question of general importance

question interlocutoire

interlocutory matter

question liée au sexe; question liée à la crainte de persécution du fait du sexe

gender-related issue

question mixte (de droit et de fait)

question of mixed law and fact

question préliminaire

preliminary matter

question qui fait intervenir la Charte; question qui se rapporte à la Charte

Charter issue

question relative à la procédure; question de procédure	procedural issue
question suggestive; question tendancieuse	leading question
qui séjourne légalement au Canada; autorisé de séjour; en situation administrative régulière	in-status
quorum (voir **coram**)	quorum (see **coram**)

raisons d'ordre humanitaire; considérations humanitaires	compassionate or humanitarian considerations
raisons impérieuses	compelling reasons
rapatriement volontaire	voluntary repatriation
Rapport de rendement	**Performance Report**
Rapport de suivi des décisions pouvant faire l'objet d'un contrôle judiciaire	**Monthly Judicial Review Tracking Report**
Rapport des motifs assignés	**Assignment of Reasons Report**
rapport établi au Canada	inland report
Rapport sur les contrevenants étrangers dans les établissements fédéraux NOTA Formulaire de la Commission de l'immigration et du statut de réfugié.	**Report on Foreign Nationals in Federal Institutions** NOTE An Immigration and Refugee Board form.
Rapport sur les plans et les priorités	*Report on Plans and Priorities*

ratio decidendi
NOTA La partie des
motifs de décision qui concerne
directement les questions qui
doivent être tranchées.

ratio decidendi
NOTE The part of the reasons
for decision that is directly
related to the issues that have
to be decided.

recevabilité (d'une preuve, d'une
revendication)**; admissibilité**
(d'une personne)

admissibility

**recherche de commissaires
plus accommodants**

forum shopping
(see **panel shopping**)

**Recherches en ligne et réseaux
électroniques**

**On-line Research and
Electronic Networks**

**reconduction;
renouvellement de
nomination; renomination**

re-appointment

**reconnaître coupable;
condamner; déclarer
coupable**

convict, to

**reconnu coupable; déclaré
coupable; condamné**

convicted

reconvoquer (les parties)

reconvene, to (the parties)

recours; réparation

remedy

recueil de jurisprudence

precedent book

**Recueils des arrêts de la
Cour fédérale**

Federal Court Reports

**Recueils des arrêts de la
Cour suprême**

Supreme Court Reports

**recueillir des témoignages;
entendre la preuve;
administrer les preuves**

take evidence, to

redressement équitable

equitable relief

redressement spécial; mesure spéciale	special relief
réexamen; nouvel examen (d'une décision)	reconsideration (of a decision)
réexamen d'une revendication	redetermination of a claim
réexamen de la recevabilité (d'une revendication)	eligibility redetermination
réexamen et annulation du statut	reconsider and vacate status, to
réfugié au sens de la Convention	Convention refugee
réfugié au sens de la Convention cherchant à se réinstaller	Convention refugee seeking resettlement
réfugié au sens de la Convention reconnu comme tel; personne à qui le statut de réfugié au sens de la Convention a été reconnu; personne reconnue comme réfugié au sens de la Convention	person who is determined to be a Convention refugee
réfugié au sens de la Convention se trouvant au Canada sans pièces d'identité	undocumented Convention refugee in Canada class, member of the
réfugié authentique; réfugié véritable	genuine refugee
réfugié ayant résidé longtemps dans un camp; réfugié vivant de longue date dans un camp	long stayer
réfugié dont le statut est reconnu au Canada; réfugié sélectionné au Canada	in-Canada refugee

réfugié dont personne ne veut; réfugié sans pays d'accueil; réfugié en orbite	refugee in orbit
réfugié non sélectionné par le pays hôte	screened-out refugee
réfugié pour motifs environnementaux; réfugié pour motifs liés à l'environnement	environmental refugee
réfugié sélectionné au Canada	in-Canada refugee
réfugié sélectionné par le pays hôte	screened-in refugee
réfugié statutaire	statutory refugee
réfugié sur place	refugee "sur place"
réfugié véritable; réfugié authentique	genuine refugee
réfugié vivant de longue date dans un camp; réfugié ayant résidé longtemps dans un camp	long stayer
refus de protection	refusal of protection
refus du statut de réfugié	denial of refugee status
refus pour des raisons d'ordre financier	financial refusal
refus pour des raisons de criminalité; refus pour des raisons d'ordre criminel	criminal refusal
refus pour des raisons médicales; refus pour des raisons d'ordre médical	medical refusal

refuser d'exercer sa compétence; refuser d'avoir compétence (en parlant d'un tribunal)	decline jurisdiction, to
réfuter (un élément de preuve)	rebut, to (evidence)
Règles de 1993 de la Cour fédérale en matière d'immigration	*Federal Court Immigration Rules, 1993*
règle de droit bien connue	trite law
règle de l'impartialité	rule against bias
Règles de la Cour fédérale	*Federal Court Rules*
règle de la meilleure preuve	best evidence rule
Règles de la section d'appel de l'immigration	*Immigration Appeal Division Rules*
Règles de la section d'arbitrage	*Adjudication Division Rules*
Règles de la section du statut de réfugié	*Convention Refugee Determination Division Rules*
Règlement sur l'arriéré des revendications du statut de réfugié, 1986	*Refugee Claims Backlog Regulations, 1986*
Règlement sur l'immigration de 1978	*Immigration Regulations, 1978*
Règlement sur la catégorie admissible de demandeurs du statut de réfugié, 1989	*Refugee Claimants Designated Class Regulations, 1989*
régler une revendication; rendre une décision; statuer sur une revendication; trancher une revendication	determine a claim, to
réinterrogatoire; nouvel interrogatoire	re-examination

rejeter un appel	dismiss an appeal, to
rejeter un cas	screen out a case, to
remarque incidente; *obiter dictum;* opinion *incidente*	*obiter* comment; *obiter dictum*
remise	postponement
Remises et ajournements (avis de pratique)	*Postponements and Adjournments* (practice notice)
rendre une décision; statuer sur une revendication; trancher une revendication; régler une revendication	determine a claim, to
renonciation (à des droits)	waiver (of rights)
renonciation (revendication); retrait (demande)	withdrawal
renouvellement de nomination; reconduction; renomination	re-appointment
renseignements de nature délicate	sensitive information
renseignements de source publique; renseignements obtenus de sources publiques	public source information
renseignements de source spéciale	special source information
renseignements ministériels; renseignements de source ministérielle	Minister's information
renseignements précis	specific information
renseignements précis sur le revendicateur	claimant-specific information

renvoi dans un tiers pays sûr	return to safe third country
renvoyer l'affaire pour la tenue d'une nouvelle audience	remit the matter for rehearing, to
renvoyer la revendication (pour nouvel examen, nouvelle audition)	remit the claim, to (to be reheard)
réouverture (d'une audience, d'une enquête)	reopening (of a hearing, an inquiry)
réparation; recours	remedy
répondant; parrain	sponsor
Réponses aux demandes d'information	Responses to Information Requests
reprendre (une audience, une enquête)	resume, to (a hearing, an inquiry)
reprendre l'audience	recommence a hearing, to
reprendre l'enquête	reconvene the inquiry, to
représentant(e) commis(e) d'office	designated person
reprise d'une audience	resumption of a hearing
reprise d'une enquête	resumption of an inquiry
réputé être	deemed to be
requérant; intéressé; auteur de la demande; demandeur (terme privilégié à Citoyenneté et Immigration Canada)	applicant
requérant parrainé	sponsored applicant
requête	motion
requête en réouverture; requête en révision	motion to reopen

requête visant à obtenir la tenue d'une nouvelle audience	**motion for a rehearing**
réseau géographique national	**National Geographic Network**
résidence habituelle	**habitual residence**
résident	**resident**
résident permanent; immigrant admis NOTA « Résident permanent » s'emploie de plus en plus à la place d'« immigrant ayant obtenu le droit d'établissement ».	**landed immigrant; permanent resident; landed resident** NOTE "Permanent resident" is gradually replacing "landed immigrant".
respect de la loi et maintien de l'ordre; maintien de l'ordre; ordre public	**law and order**
resquillage; resquille	**queue jumping**
resquilleur	**queue jumper**
rétablissement	**reinstatement**
retenir les services d'un conseil	**retain counsel, to**
retenue judiciaire	**curial deference; judicial deference**
retrait (demande)**; renonciation** (revendication)	**withdrawal**
retrait de la nationalité	**withdrawal of nationality**
rétroactif	**retroactive**
rétroaction de sources multiples	**multiple-source feedback**
réunification des familles; réunion des familles	**family reunification**
réunion d'équipe	**team meeting**

réunion d'instances; jonction d'instances	**joinder of cases**
réunion nationale de planification de la haute direction	**National Executive Planning Meeting**
revendicateur(rice); demandeur(e) NOTA Le terme « revendicateur » est privilégié à la Commission pour des raisons pratiques et logiques, notamment la féminisation.	**claimant**
revendicateur du statut de réfugié	**refugee claimant**
revendicateur du statut de réfugié dont la demande a été étudiée au Canada	**in-Canada claimant**
revendicateur éconduit; revendicateur débouté (en justice) NOTA Revendicateur auquel le statut de réfugié a été refusé.	**refused refugee claimant; unsuccessful claimant; failed refugee claimant** NOTE A claimant who has been determined not to be a Convention refugee.
revendicateur non muni des documents voulus	**improperly documented claimant**
revendicateur principal	**principal claimant**
revendication	**claim**
revendication du statut de réfugié présentée au Canada	**in-Canada refugee claim**
revendication défendable	**arguable claim**
revendication déférée; cas déféré (à la Section du statut de réfugié)	**referral** (to the Convention Refugee Determination Division)

revendication en instance NOTA Le bureau de Montréal utilise l'expression « revendication en attente ».	claim pending
revendication entendue	claim heard
revendications entendues séparément	claims heard separately
revendication fondée sur le sexe; revendication fondée sur des motifs liés au sexe	gender-based claim
revendication frauduleuse; revendication fondée sur des faits fabriqués	fabricated (refugee) claim; fraudulent claim
revendication liée à la guerre civile	civil war claim
revendication manifestement non fondée	manifestly unfounded claim
revendications multiples; revendications réitérées	multiple claims; repeat claims; serial claims
revendications multiples réputées n'en former qu'une seule	multiple claims deemed to be one
revendications reçues (Section du statut de réfugié); **appels interjetés** (Section d'appel de l'immigration); **nouveaux arrivants, nombre de**	intake
revendications reçues (Section du statut de réfugié); **appels interjetés** (Section d'appel de l'immigration); **intrants** (terme très général, rarement utilisé)	input (of appeals filed, claims referred)
revendication refusée	refused refugee claim

revendication réglée	claim determined; finalized claim
revendications réglées (Section du statut de réfugié); appels réglés (Section d'appel de l'immigration); extrants (terme très général, rarement utilisé)	output
revendications réitérées; revendications multiples	multiple claims; repeat claims; serial claims
revendication transférée à un autre bureau (de la Commission de l'immigration et du statut de réfugié)	transferred-out claim (to another Immigration and Refugee Board office)
Revendicatrices du statut de réfugié craignant d'être persécutées en raison de leur sexe – Mise à jour (directives données par la présidente)	*Women Refugee Claimants Fearing Gender-Related Persecution – Update* (Chairperson's guidelines)
révision des motifs de (la) garde; révision des motifs de (la) détention; examen des motifs de (la) garde; examen des motifs de (la) détention	detention review
révision d'une revendications refusée	post-claim review; post-determination review
révocation	revocation
Revue de presse hebdomadaire	Weekly Media Review
Revue de presse indexée	Indexed Media Review
Revue de presse internationale	International Media Review
risque distinctif	differential risk

rôle (contexte juridique);
calendrier; échéancier;
programme; horaire
(sens général)
NOTA À éviter : cédule
(anglicisme).

schedule

salle de reproduction et de
fournitures

reproduction and supply
room

sans formalisme et avec
célérité

informally and expeditiously

sans l'intervention des
tribunaux (en parlant du
mode alternatif de
règlement des conflits)

non-adjudicative manner
(with respect to the Alternative
Dispute Resolution)

se rapportant à un cas
particulier; propre à un cas

case-specific

se réclamer de nouveau de la
protection

voluntary re-availment of
protection

séance

sitting

secret professionnel (qui lie un
avocat à son client); **secret**
professionnel de l'avocat;
privilège du secret
professionnel de l'avocat;
assujetti au secret
professionnel

solicitor-client privilege

secrétaire juridique

legal secretary

Section d'appel
(voir **Section d'appel de**
l'immigration)
NOTA Section d'appel de
l'immigration de la Commission,
comme mentionné
dans la *Loi sur l'immigration.*

Appeal Division
(see **Immigration Appeal**
Division)
NOTE As set out in the
Immigration Act, "means that
division of the Board called the
Immigration Appeal Division".

Section d'appel de l'immigration (voir **Section d'appel**)	**Immigration Appeal Division** (see **Appeal Division**)
Section d'arbitrage (de la Commission de l'immigration et du statut de réfugié depuis 1993)	**Adjudication Division** (of the Immigration and Refugee Board since 1993)
Section de recherche de renseignements précis	**Specific Information Research Unit**
Section de l'administration	**Administration Unit**
Section de l'élaboration et de la coordination des politiques	**Policy Development and Coordination Section**
Section de la gestion de l'information consignée	**Recorded Information Management Unit**
Section de la planification financière et de l'analyse	**Financial Planning and Analysis Section**
Section de la planification stratégique et des partenariats	**Strategic Planning and Partnerships Section**
Section de la planification stratégique et du perfectionnement	**Strategic Planning and Development Unit**
Section de la production et de l'analyse de la recherche	**Products and Research Analysis Unit**
Section des bases de données	**Database Unit**
Section des comptes généraux	**Corporate Accounting Section**
Section des dossiers et du courrier	**Records and Mail Unit**
Section des finances	**Finance Unit**
Section des politiques et des systèmes financiers	**Financial Policy and Systems Section**

Section des processus du tribunal
NOTA Relève de la Direction générale des politiques, de la planification et des recherches.

Tribunal Process Section
NOTE Part of the Policy, Planning and Research Branch.

Section des relations de travail, de la rémunération et du ressourcement des EX

Staff Relations, Compensation and EX Resourcing Unit

Section des services d'interprétation

Interpreters Unit

Section des services de renseignements

Information Services Unit

Section des services opérationnels

Operations Services Unit

Section des systèmes d'information sur les ressources humaines

Human Resources Information Systems Unit

Section des systèmes opérationnels

Operational Systems Section

Section du ressourcement, de la diversité, des langues officielles, de la classification et de l'organisation

Resourcing, Diversity, Official Languages, Classification and Organization Unit

Section du rôle

Scheduling Unit

Section du rôle et des services d'interprétation

Scheduling and Interpreters Unit

Section du statut
(voir **Section du statut de réfugié**)
NOTA Section du statut de réfugié de la Commission, comme mentionné dans la *Loi sur l'immigration.*

Refugee Division
(see **Convention Refugee Determination Division**)
NOTE As set out in the *Immigration Act,* "means that division of the Board called the Convention Refugee Determination Division".

Section du statut de réfugié (voir **Section du statut**)	Convention Refugee Determination Division (see **Refugee Division**)
séjour autorisé	authorized stay
sélection du processus approprié	streaming
sensibilisation aux différences culturelles (ou interculturelles); sensibilisation aux disparités culturelles (ou interculturelles)	cross-cultural awareness; cross-cultural sensitivity
sensibilisation aux réalités culturelles	cultural sensitivity; cultural sensitization
série « Questions et réponses »	Question and Answer Series
serment	oath
serment ou affirmation solennelle	oath or affirmation
Services à la clientèle	Client Services
Services aux tribunaux	Tribunal Services
Service canadien du renseignement de sécurité	Canadian Security Intelligence Service
Services centraux	Central Services
services d'un conseil n'ont pas été retenus sans restriction, les	fully retained, counsel not yet
Services de conservation et d'élimination NOTA Relève de la Section de la gestion de l'information consignée.	**Retention and Disposal Services** NOTE Part of the Recorded Information Management Unit.
Services de consultation	Reference Desk
Service de dépannage (domaine informatique)	Help Desk (informatics)

Services de gestion des données et de développement des applications	**Data Administration and Application Development Services**
Services de technologie de l'information	**Information Technology Services**
Services des dossiers et du courrier	**Records and Mail Services**
Services financiers	**Financial Services**
Services juridiques (de la Commission de l'immigration et du statut de réfugié)**; Direction générale des services juridiques**	**Legal Services (Branch)** (of the Immigration and Refugee Board)
service militaire	**military service**
seuil de faible revenu	**low income cutoff**
seule séance, au cours d'une	**single sitting, during a**
shari'a; chari'a; charia (la) NOTA Le Robert écrit « charia » et le Larousse « chari'a ».	**Chariah; Shari'a; Sharia**
siège (de la Commission de l'immigration et du statut de réfugié)	**head office; headquarters** (of the Immigration and Refugee Board)
signification (d'un document) **à une personne**	**personal service**
signification d'un document	**service of a document**
simple ouï-dire; preuve par ouï-dire; témoignage constituant du ouï-dire; déposition sur la foi d'autrui	**hearsay evidence**
simple possibilité (de persécution)	**mere possibility** (of persecution)

situation assimilable à une union conjugale	conjugal relationship
situation dans le(s) pays en cause; situation qui règne dans le(s) pays visé(s); conditions dans le(s) pays	country conditions
situation régulière dans un pays, être en	status in a country, to have
solidité; justesse; validité; bien-fondé	soundness (general sense)
soumis à l'application régulière du droit du pays; soumis aux voies de droit existant dans ce pays	subject to due process of law in that country
source orale (d'information)	oral source (of information)
sous garde; en détention	detention, in
sous-ministre délégué(e)	Associate Deputy Minister
sous toutes réserves	without prejudice
souveraineté du droit; primauté du droit; suprématie du droit	rule of law
spécialisation; connaissances spécialisées	specialized knowledge
spécialisation par pays	country specialization
spécialiste de la gestion des cas	Case Management Specialist
spécialiste de région géographique (voir **équipe géographique** ou groupe de spécialistes de régions géographiques)	Geographic Specialist (see **Geographic Team** or regional specialization group)

stare decisis
NOTA Le respect des décisions des tribunaux supérieurs.

stare decisis
NOTE The principle of reliance on decided cases.

statuer sur sa compétence à entendre le cas

jurisdiction, to take

statuer sur une revendication; trancher une revendication; régler une revendication; rendre une décision

determine a claim, to

statut de réfugié

refugee status

sténographe judiciaire

Court Reporter

structure de planification, de rapport et de responsabilisation

Planning, Reporting and Accountability Structure

suivi; encadrement; contrôle

monitoring

suivi des questions d'actualité

issue tracking

suprématie du droit; souveraineté du droit; primauté du droit

rule of law

sur le fond; au fond

merits, on the

surcharge du rôle

overbooking

sursis d'exécution; sursis à l'exécution (d'une mesure de renvoi)

stay of execution (of a removal order)

sursis d'origine législative

statutory stay

suspension d'instance; sursis d'instance

stay of proceedings

suspension de l' (d') audience

recess

suspension de l'étude des revendications du statut de réfugié

suspension of refugee claims

suspension provisoire	**interim stay**
système amélioré; système plus récent (sens plus général); **système mis à niveau; version plus récente d'un système** (informatique)	**upgraded system**
Systèmes d'information et de documentation sur les droits de l'homme, International	**Human Rights Information and Documentation Systems, International**
Système d'information financière	**Financial Information System**
Système d'information pour cadres supérieurs	**Executive Information System**
Système d'information pour la gestion du personnel NOTA Système informatique désuet; la Direction des ressources humaines utilise maintenant PeopleSoft.	**Personnel Management Information System** NOTE Computer system no longer in use; the Human Resources Directorate now uses PeopleSoft.
Système d'information sur les postes et la classification (Secrétariat du Conseil du Trésor)	**Position and Classification Information System** (Treasury Board Secretariat)
système de détermination du statut de réfugié; processus de détermination du statut de réfugié	**refugee status determination process**
Système de gestion des cas	**Case Management System**
Système de gestion des dossiers, des documents et des renseignements	**Records, Documents and Information Management System**
système de gestion du contrôle de la correspondance	**Correspondence Control Management**
Système de gestion financière	**Financial Management System**
Système de paiement des interprètes	**Interpreter Payment System**

Système de rapports sur les congés NOTA Système informatique.	**Leave Reporting System** NOTE Computer system.
Système de soutien des opérations des bureaux locaux	**Field Operations Support System**
Système de suivi de la sécurité	**Security Tracking System**
Système de suivi des appels et des revendications (du statut de réfugié) NOTA Le sigle demeure STAR en français.	**System for Tracking Appeals and Refugee Claims**
Système de suivi des candidatures aux postes de commissaires	**Member Applicant System**
Système de suivi des cas d'arbitrage NOTA Système informatique interne.	**Adjudication Tracking System** NOTE Internal computer system.

taux d'acceptation	**acceptance rate**
technicien(ne) parajuridique	**Paralegal**
techniques d'interrogatoire	**questioning techniques**
témoignage	**testimony**
témoignage constituant du ouï-dire; déposition sur la foi d'autrui; simple ouï-dire; preuve par ouï-dire	**hearsay evidence**
témoignage d'opinion; preuve fondée sur un avis	**opinion evidence**
témoignage irréfuté	**uncontradicted evidence**

témoignage de vive voix; déposition orale	oral testimony
témoignage de vive voix; preuve orale	oral evidence
témoigner; produire un témoignage; produire des preuves; faire une déposition	evidence, to give
témoin expert; expert	expert witness
temps en salle (d'audience)	time in court NOTE Means "time in hearing room".
tendance jurisprudentielle (sens juridique); **voie hiérarchique**; **canal hiérarchique** (sens administratif ou général); **courant jurisprudentiel**	line of authority
tenir compte de la preuve de façon appropriée; considérer les éléments de preuve de façon appropriée; tenir compte comme il se doit des éléments de preuve; bien tenir compte des éléments de preuve; bien tenir compte de la preuve	consider the evidence properly, to
tenir une audience	conduct a hearing, to
tenue d'une audience	conduct of a hearing
textes législatifs	statutory authorities
tiers; **partie non concernée** (par l'audience, par l'enquête)	**non-party** (with respect to the hearing, the inquiry)
tiers pays sûr	safe third country
titre de voyage; document de voyage	travel document

titre de voyage du réfugié; document de voyage du réfugié	**refugee travel document**
Torah (la)	**Tora; Torah**
tourné vers l'avenir; axé sur l'avenir; de nature prospective (en parlant de la définition de réfugié au sens de la Convention)	**forward-looking** (in the context of the definition of Convention refugee)
traducteur(rice)	**Translator**
trafic (d'êtres humains)	**trafficking** (of human beings)
trafiquant	**trafficker**
traitement (d'un cas)	**processing** (of a case)
traitement d'un engagement d'aide présenté au Canada (dans le cadre des parrainages)	**processing of an undertaking of assistance given in Canada** (in the context of sponsorship)
Traitement des renseignements non sollicités à la Section du statut de réfugié (politique de la Direction générale des politiques, de la planification et des recherches)	***Treatment of Unsolicited Information in the Refugee Division, The*** (a Policy, Planning and Research Branch policy)
traitement parallèle	**parallel processing**
traitement prioritaire	**priority processing**
trancher une revendication; régler une revendication; rendre une décision; statuer sur une revendication	**determine a claim, to**
traumatisme transmis par personne interposée	**vicarious traumatization**
triage initial (voir **examen initial**)	**front-end triage** (see **screening**)

tribunal; commissaires saisis de l'affaire NOTA L'expression « formation du tribunal » est aussi utilisée par les tribunaux supérieurs.	panel
tribunal à un seul commissaire; tribunal formé d'un seul commissaire	single-member panel
tribunal chargé de statuer sur le minimum de fondement	credible basis tribunal
tribunal compétent	court of competent jurisdiction
tribunal composé de membres différents; tribunal constitué d'autres membres; tribunal reconstitué; autre formation du tribunal	differently constituted panel
tribunal de première instance	initial hearing panel
tribunal entièrement féminin; tribunal composé entièrement de femmes	all-women panel
tribunal fictif; audition fictive	moot court proceedings
tribunal formé de deux commissaires	two-member panel
tribunal itinérant	itinerant site
tribunal saisi	seized panel
tribunal spécialisé	expert tribunal; specialized tribunal
Tribunaux indépendants de détermination du statut de réfugié des pays riverains du Pacifique	Pacific Rim Independent Refugee Determination System

Trousse d'orientation pour les nouveaux employés de la CISR	**IRB New Employee's Orientation Tool Kit**
tuteur; curateur (au Québec seulement)	**guardian**
type d'audience; nature des audiences	**hearings model**

u

utilisation de moyens électroniques dans le cadre des audiences; audience se déroulant à l'aide de moyens électroniques	**electronic hearing**

v

valeur probante	**probative value**
valeur probante de la preuve; force probante de la preuve	**weight of evidence**
valeur probante élevée (voir **valeur probante faible**)	**high probative value** (see **low probative value**)
valeur probante faible (voir **valeur probante élevée**)	**low probative value** (see **high probative value**)
validité (d'un passeport, d'un mariage)	**validity** (of a passport, a marriage)
validité; bien-fondé; solidité; justesse	**soundness** (general sense)
véritable; de bonne foi; authentique	*bona fide*
véritable immigrant; immigrant véritable; immigrant authentique; immigrant de bonne foi	**genuine immigrant**

version plus récente d'un système; système mis à niveau (informatique); **système amélioré; système plus récent** (sens plus général)

upgraded system

vice-président(e)

Deputy Chairperson

vice-président(e) adjoint(e)

Assistant Deputy Chairperson

vice-secrétaire général(e) (Organisation des Nations Unies)

Deputy Secretary General (United Nations)

violation (de la loi); **infraction** (à une règle, à une loi); **manquement** (à la justice, au règlement, à la loi)

breach

violation des droits de la personne (Canada); **violation des droits de l'homme** (Organisation des Nations Unies)

human rights violation

violence conjugale; violence entre conjoints; violence envers le(la) conjoint(e) (voir **violence contre l'épouse** ou **violence à l'égard de l'épouse**)

spousal abuse (see **wife abuse**)

violence contre l'épouse; violence à l'égard de l'épouse (voir **violence conjugale, violence entre conjoints** ou **violence envers le(la) conjoint(e)**)

wife abuse (see **spousal abuse**)

violence faite aux femmes NOTA Voir les Directives intitulées *Revendicatrices du statut de réfugié craignant d'être persécutées en raison de leur sexe.*

violence against women NOTE NOTE See the Guidelines entitled *Women Refugee Claimants Fearing Gender-Related Persecution.*

violence familiale

domestic violence

violer (une loi); **contrevenir** (à une loi); **enfreindre** (une loi)	**breach, to**
visite médicale	**medical examination**
visiteur	**visitor**
voie hiérarchique; canal hiérarchique (sens administratif ou général); **courant jurisprudentiel; tendance jurisprudentielle** (sens juridique)	**line of authority**
volume de(s) cas; nombre de cas; charge de travail	**caseload**

webmestre	**webmaster**

Acronymes français

French Acronyms

AA	agent(e) d'audience
ACR	agent(e) chargé(e) de la revendication
AGC	adjoint(e) à la gestion des cas
AGC	agent(e) de gestion des cas
AIJAR	Association internationale des juges aux affaires des réfugiés
AIPRP	accès à l'information et protection des renseignements personnels
ANMDV	arrivant non muni des documents voulus
APC	agent(e) préposé(e) aux cas
APC	agent(e) de présentation des cas
APP	Direction des affaires publiques et parlementaires
ARC	agent(e) de règlement des conflits
ASC	agent(e) de sécurité de la Commission
BDMI	Base de données des médias internationaux
C.A.	Cour d'appel
C.A.F.	Cour d'appel fédérale
CAI	Commission d'appel de l'immigration
CAP	contrat d'apprentissage personnel
CAP	Programme cours et affectations de perfectionnement
CC	commissaire coordonnateur(rice)
CCDJ	Conseil canadien de la documentation juridique
CCEE	Comité consultatif sur l'équité en matière d'emploi
CCM	Comité consultatif ministériel
CCMTGC	Campagne de charité en milieu de travail du gouvernement du Canada
CCPP	Comité consultatif sur les pratiques et les procédures
CCR	Conseil canadien pour les réfugiés
CCR	commis chargé(e) de la revendication
CCRRR	Comité consultatif de révision des revendications refusées
CCTC	Comité conjoint de transition de carrière
CDA	conditions d'accueil
CDI	Commission du droit international
CDNA	Comité directeur national sur l'apprentissage
CDNRSRC	catégorie des demandeurs non reconnus du statut de réfugié au Canada
CDP	Comité de direction du président
CDR	Comité de direction régional
CEAPM	Comité d'examen des acquisitions et de passation de marchés
CEI	Communauté des États indépendants

CER	Comité d'examen du rendement
CES	Commission d'enquête spécialisée
C.F.	Cour fédérale
C.F. 1re inst.	Cour fédérale, Section de première instance
CGC	cadre de gestion des cas
CGI	Comité de gestion de l'information
CGR	Comité de gestion régional
CHD	Comité de la haute direction
CIC	Citoyenneté et Immigration Canada
CISR	Commission de l'immigration et du statut de réfugié
CJP	conseiller(ère) juridique principal(e)
CNA	Comité national sur l'apprentissage
CNCPS	Comité national de consultation patronal-syndical
CND	Comité national de la documentation
CNMO	Comité national de mise en oeuvre
CNPHD	Conférence nationale de planification de la haute direction
CNSI	Comité national des systèmes informatisés
CNSST	Comité national de santé et de sécurité au travail
COT	Comité des opérations du tribunal
CPC	commis préposé(e) aux cas
CPOR	catégorie des personnes outre-frontières en voie de réinstallation
CPP	Comité du perfectionnement professionnel
CPPA	catégorie des personnes de pays d'accueil
CRA	Comité régional sur l'apprentissage
CRPP	Comité régional de perfectionnement professionnel
C.S.C.	Cour suprême du Canada
CSR51	Convention de 1951 relative au statut des réfugiés
CSRP67	Protocole de 1967 relatif au statut des réfugiés
CTAC	Conseil des tribunaux administratifs canadiens
DGI	Direction de la gestion intégrée
DGPP	Direction générale du perfectionnement professionnel
DGPPR ou PPR	Direction générale des politiques, de la planification et des recherches
DGSG	Direction générale des services de gestion
DMPS	différents modes de prestation des services
DRH	Direction des ressources humaines
DRP	Dossier de référence sur le pays
DSI	Direction des systèmes informatisés
ECA	Entente cadre administrative

ECP	Entente sur la coordination des priorités
EER	Entente sur l'échange de renseignements
ERAR	évaluation du risque avant le renvoi
FAQ	Foire aux questions
FOR	Formulaire d'obtention de renseignements
FRP	Formulaire de renseignements personnels
GA	greffier(ère) adjoint(e)
GC	gouverneur en conseil
GCRLI	Groupe consultatif pour la révision de la législation sur l'immigration
GD	gestionnaire de district
GGC	groupe de gestion des cas
GND	Groupe national de direction
GPNC	Groupe de planification nationale de contingence
GSO	gestionnaire des services opérationnels
HCR	Haut Commissaire aux réfugiés
HCR	Haut Commissariat des Nations Unies pour les réfugiés
HURIDOCS	Systèmes d'information et de documentation sur les droits de l'homme, International
L.R.C.	Lois révisées du Canada – 1985
MARC	mode alternatif de règlement des conflits
NAS	Direction des normes, de l'analyse et du suivi
PDE	point d'entrée
PFETE	Programme fédéral d'expérience de travail étudiant
PIRDCP	Pacte international relatif aux droits civils et politiques
PNA	Programme national d'apprentissage
PPA	Programme prioritaire d'apprentissage
PPR ou DGPPR	Direction générale des politiques, de la planification et des recherches
PRI	possibilité de refuge intérieur
PST	Processus et systèmes du tribunal
R.C.S.	Recueils des arrêts de la Cour suprême
RICS	Réseau d'information des cadres supérieurs
RNPHD	réunion nationale de planification de la haute direction
RPI	Revue de presse indexée
RPI	Revue de presse internationale
RPP	Rapport sur les plans et les priorités
SAI	Section d'appel de l'immigration
SCRS	Service canadien du renseignement de sécurité
SDSR	Section des services de renseignements
SFR	seuil de faible revenu

SGC	Système de gestion des cas
SGCC	système de gestion du contrôle de la correspondance
SGDDR	Système de gestion des dossiers, des documents et des renseignements
SGF	Système de gestion financière
SGIC	Section de la gestion de l'information consignée
SICS	Système d'information pour cadres supérieurs
SIF	Système d'information financière
SIGP	Système d'information pour la gestion du personnel
SIPC	Système d'information sur les postes et la classification
SPAR	Section de la production et de l'analyse de la recherche
SPI	Système de paiement des interprètes
SPRR	structure de planification, de rapport et de responsabilisation
SRC	Système de rapports sur les congés
SRRP	Section de recherche de renseignements précis
SSA	Système de suivi des cas d'arbitrage
SSO	Section des systèmes opérationnels
SSOBL	Système de soutien des opérations des bureaux locaux
SSR	Section du statut de réfugié
SSS	Système de suivi de la sécurité
STAR	Système de suivi des appels et des revendications (du statut de réfugié)
STI	Services de technologie de l'information
VP	vice-président(e)
VPA	vice-président(e) adjoint(e)